筆跡心理
分析之

你找到合適的工作嗎？

職涯

規劃

篇

林婉雯　何潤儀
楊康婷　吳曼華

著

自序一

過往，無論從事筆跡心理分析相關的教學或是個人諮詢，我聽得較多的提問，莫過於：找到合適的工作嗎？究竟合適與否，關鍵不只是在於心態與能力，真正了解自己的性格、特質同樣重要。本書綜合了我們在職場多年的經驗與資深獵頭顧問的意見，與求職或準備轉職的讀者分享。

坊間裡，挖掘自己的性格、看看自己是怎樣的一個人的心理測驗，大大小小的不計其數，較專業且為不少大型企業所採用的能力傾向測試，就如本書首兩章談到的霍爾蘭六邊形職業人格測試與 MBTI 16 型人格測試，不過從來沒有一個較為統一的方法。

人生來就是一種複雜的動物，無論將人性分為 6

種、16 種，甚至乎 60 種，縱然細緻度已經較高，但也未必能夠完全解釋清楚身處於同一類別的異同，況且只要對相關測試稍有練習的話，所得出的結果亦有異。所以我們換個角度，從你所寫下的筆畫線條，通過筆跡心理分析的方法，除了讓你明白到筆跡心理分析的技巧以外，更重要的是讓你明白，無論是哪一類型的性格分類，就算被劃分在同一類別的人，性格特質仍有差異。你還是你，永遠是獨一無二的。

這一切都是基於循證實踐（evidence based practice）的概念，我們著眼於所能獲得最好的研究佐證，再配合對筆跡心理分析的專業知識與多年的實戰經驗，整合書寫人的偏好與文化背景，而作出的分析結論，所以每一次分析筆跡，都是一個實踐與學習的過程，這就是經驗的建立，因為不同的手稿，有著不同的筆跡線條的組合，展現著各種不同的性格特質。

我從 2001 年開始研習筆跡心理分析至今，已 20 多個年頭，眼見喜歡學習筆跡心理分析的人越來越多，不過要用心研讀與實習，所花的時間與心力絕對不少，在當今講求速效的時代，難免會令人卻步。但我考慮到筆跡心理分析所能給予大眾的效益，再加上我所研讀的分析理論源自於西方數據與學說，中西文化始終有異，於是希望可以收集華人的筆跡手稿，從中建立華人筆跡數據與職業的關係，找出當中共通的地方，以協助大家選擇合適的工作，此為其一。其二是希望建立一個以中文字為主的筆跡數據庫，為往後的中文筆跡研究，奠下基礎。

截至本書完稿之日，只能收集到 484 份筆跡手稿，數量之少不足以全面、系統地分析，故此，本書所分享的，只是初步的結論。我們希望通過這個初步結論，引起更多公眾的關注，也期望未來的日子，能收集到更多中文及英文手稿，建立一個屬於華人社會的筆跡數據庫，協助往後的研究，為華人社會作出貢獻。

這本書能順利完成，特別要感謝所有參與並提供筆跡手稿的朋友，更要多謝資深招聘顧問 Smoove Consulting Limited 的 Christina Yau 女士，提供給求職人士的寶貴意見，也感謝我們的研究團隊成員：吳曼華、楊康婷、何潤儀及林婉貞，以及協助本書順利出版的香港三聯各部門同事。

林婉雯

2024 年 6 月寫於香港

自序二

在社交媒體上，看到不同國家的新一代都認為最理想的職業是 YouTuber 之類的工作。我想問問大家，你的理想職業是甚麼？就以 YouTuber 為例，現時使用 YouTube 平台的人數多達 13 億，幾乎每天都有新的創作者加入，在這個龐大的平台上，要突圍而出，須具備多項的職能，要做到將內容故事說好、能針對觀眾的喜好、要懂得取材、有攝影及錄影的技術、懂得運用音訊特效、持續追蹤及分析頻道的情況，縱然收到惡意謾罵和批評，都要處理得宜，才會成功。

以往一份工作可以做到退休，是不少人的夢想，但於現今社會，這個想法未必可以實現。所以大家都要不斷學習，增值自己，為自己發掘更多潛能，讓

自己可以輕鬆駕馭任何工作。但究竟自己的潛在能力有幾多？相信很多人都不清楚。

今次有機會成為這本書其中的一位作者，是我技能解鎖的例子。透過筆跡分析，讓我認知到自己一些潛在的才能，原來也可以作多方面的嘗試。多謝 Maria 老師給予機會，也多謝團隊成員 Joyce、Mon，以及香港三聯的協助，讓這本書可以出版。

認識 Maria 老師已經有十多年，最初知道她做筆跡分析研究的工作，研究不同文字的書寫線條，亦不限於中文或英文。從這些線條筆畫，反映出很多不為人知的個性秘密。這門學科很特別，而香港是沒有相關課程的。從 2018 年開始，我一直和 Maria 老師推廣筆跡分析，透過不同類型的講座、活動，教學及個人諮詢，見證幫助了不少朋友，解決他們的問題。不論在工作、感情、情緒、和家人的關係及經濟上的問題，都是通過他們的字跡，而找到解決方法。

經過這幾年時間的推廣，認識筆跡分析的人越來越多，但實際懂得運用的人仍很少。往後日子，希望大家可以一同參與，通過筆跡心理分析，更深入地了解自己，活出真我。

吳曼華

2024 年 6 月寫於香港

自序三

人生，的確有很多可能性。

感謝筆跡學的 Maria 老師、Berenice 老師，以及一起學習筆跡的同學。

人到中年，誠如本書初衷，仍然希望能在不同的階段學習，豐富生涯與職涯的發展。感謝過去所吸收過的語言和教育知識，帶到我去另一個全新的領域，繼續學習和發展。

態度、知識、技能，總會引導著我們走進一個又一個領域、一個又一個層次，然後，遇上了一些從未曾想過可以相識的人。第一次認識 Maria 老師是在一個「偶遇」的電視節目。老師不斷用心地講解筆

跡與心理的關係，非常有趣。於是，我便慕名而去，修讀了關於筆跡、心理、學與教的短期課程。

放工後上課，對任何打工仔來說從來都是件難事。江湖上經驗習得，為方便食嘢，我在首課已經選擇坐在課室最後排的位置。不過，到了第二課，我已經由最後一排的座位坐到最前、最近白板的一個座位，然後，繼續學習超乎所想的筆跡學問。

態度、知識、技能，大家有無想過可以幫你發展人生一切的可能？

從事教育多年，我發現很多學生對升學及就業的問題均感到迷惘。儘管這些人生交叉點幾乎都是每個年輕生命經常面對的關口，可謂老生常談，然而，同工面對學生相關的諮詢，仍然時會感到力不從心。畢竟，每個生命都有很多的可能性，而且各有故事和背景。曾經聽到一些人生初試失敗的年輕人說過：

「Miss，我 XX 科不好，點勤力都係無法升上大學。」

「Miss，你唔明白，我哋呢啲的食物鏈底層嘅人一無是處，搵到份工、食到飯已經好好。」

「Miss，我好想屋企人生活好過啲，所以我好努力，但將來唔知道係咪真係可以？」

然後，見到學生甲最終如願升上大學；學生乙在電視新聞裡正在當義工，教授非華語學生中文寫作的畫面；學生丙則最後成為人生勝利組，找到一份穩定的工作，然後，轉工再轉工，結婚、生子，不時跟我分享美滿幸福的家庭生活。

年輕生命的「當初」，為何對自己的人生有這麼多懷疑？這些都是源自於對自我的不認識，窒礙了信心的成長。筆跡，確實是一個簡單而直接的渠道，讓學生可以靜觀自己，發現自己。

願我們都能感恩人生各種相遇、經歷和可能。

最後，感謝香港三聯予以機會出書；也感謝編輯團隊的用心，各方面的襄助都彌足珍貴。

人生，風吹草動，總有安穩，總會在心。

願共勉之。

楊康婷

2024 年 6 月寫於香港

自序四

執筆之時，有數個晚上分別與過去曾一起以背包形式去探索世界、上山下海的年輕人相聚，期待可以聽聽他們的近況及未來的計劃，好像其中有一對年輕夫婦，分享他們明年將放下工作，一起實現環遊世界的理想；一位男生分享他的第一次一個人背包旅行的經歷；一位女生分享最近一次在香港打工換宿一星期的歷程；也收到一位年輕人在投身社會後，想再進入校園進修，最終獲得大學碩士學位錄取的消息。

回望過去，與年輕人同行的十年，見證著他們在成長的過程中，面對過大大小小的難關，包括親人離逝帶來的哀傷、新校園生活適應的徬徨、與家人因相處問題而離家的無奈、與朋輩交往不如意時的失

望、力爭重返大學學位軌道的壓力、夢想與現實的掙扎、成績不如理想應否轉系的困惑、對自己是否有能力應付未來的懷疑等等。如果以上所有的難關同時發生在一個或者兩個人身上，那當然是一件好悲慘，而且相當難過的事，但當我們嘗試拉闊一點，換個角度看，其實種種的危難處境都是人生必經的階段，試將問題或困局一個一個去釐清，梳理情緒，懷著希望，相信黑暗的日子終必會慢慢過去。

正如上面提及過的那位剛獲大學碩士學位取錄的年輕人，她在大學時所修讀的科目，其實與她現在投身社會的全職工作，以及將要就讀的碩士課程，是完全不同的，甚至是兩碼子的事，過程中她或許也有掙扎過，或許也有憂慮過，或許也有惶恐過，但當懂得將注意力放回自己身上，聆聽心中正在呼喚的聲音，感受情緒的牽動，其實讀書時懊惱選擇甚麼課程，原來可以與將來從事甚麼職業完全無關的，所以最重要的還是先從自己出發，認識自己愛好、興趣、性格、能力，更要體貼自己當下的

需要及情緒狀態，再以行動去回應自己的心意。我一直都有研究不同的性格測驗，也舉辦工作坊及活動，讓參加者學習在人與人之間的互動中，生活場景中去探索自我。直至兩年前，有幸能報讀林婉雯老師四堂的筆跡課程，才引發我去開筆跡學之門。

林婉雯老師對於筆跡學的熱忱、堅持、專業，令我十分敬佩及景仰。還記得她在課堂上曾經分享一些小孩子的畫作作教學例子，並分析小孩子畫作上的線條、布局、力度、當下的心理狀態等等，我聽得津津有味，也擴闊了我的眼界，認識到進入及理解小孩子內心世界的另一種方式。當中林老師說過的一句說話，更叫我扎心，她說：「如果能夠在小孩子的童年，透過他們的筆跡、畫作的線條，看到他們的才華、性格，甚至是他們當下的情緒表達，與他們的父母或照顧者分享，這些小孩子或許在他們的成長過程中不用那麼辛苦 ……」這些小孩子成長後，正正就是我現在每天工作中遇到的年輕人，我看見及感受過他們成長的苦澀、一直被埋沒

了的才華、被忽視了的感受、被漠視了的選擇，所以更推動我、喚醒我在社工職涯裡，不但要繼續服事年輕人，更要關心小孩子及推動家長教育的工作。我的筆跡研究生涯就這樣啟動了，而且一發不可收拾，越去認識越有興趣，更希望在未來日子能夠協助林老師在不同領域上推廣筆跡學，使更多的人因此受惠，也盼望繼續與小孩子、家長、年輕人同行，分享他們成長的喜悅，發自內心的滿足，聆聽專屬他們每一位，獨一無二的生命故事。

最後，這本書的問世，要特別鳴謝香港三聯編輯團隊的通力協助。

何潤儀
2024 年 6 月寫於香港

目錄

CH.1　天生我才，職業與性格分類

CH.2　職涯規劃：從 MBTI 16 型人格到筆跡心理分析

CH.3 求職者需要關注的性格特質

前言

筆跡心理分析，是一種很傳統的學術科目。要認真地分析一篇筆跡，所花的時間，絕對不少，以英國筆跡專家公會（The Bristish Institute of Graphologists）的程序標準為例，要分析一個項目，就有 12 頁 A4 紙長度的分析報告，對一般人來說有點「遙不可及」的複雜性，讓人卻步，是要投入不少時間去研習，再多想一點，就將筆跡心理分析，直接聯繫到法庭上那些文件鑑定的案件，那就更加正規了。為釋除這個疑慮，本書從深入淺出的角度，將筆跡心理分析生活化，以方便於日常生活中應用，因為寫字從來都是我們生活的一部分。不過，書中還是需要談及一些筆跡分析的概念，有見於此，特別將本書會提及的筆跡心理分析的重點小知識，在前言中介紹。

四維（four dimensions）

筆跡心理分析的基本，是一個關於四維的概念。寫字所用的紙張，那是一個平面，即長與闊的兩個維度。筆尖畫在紙上的壓力，形成了寫字的力度，這是第三個維度。最後，寫字的時間，就是第四個維度。整個筆跡心理分析，是沿著這個基本概念而出發的。

上、中、下區域（zone）

書中亦提及了區域的概念。一個字母，可被分為上區域、中區域及下區域，一共三個部分，情況就如下圖。筆跡分析主要會看各區域所佔的比例。

上區域

中區域

下區域

字母的區域
分類

斜度（slant）

除此以外，很多人寫字，都會有很個人化的斜度，在專業的分析中，我們會用上量角器來準確量度。不過，當各位將量角器拿到手中，很容易會看到有兩種量度方式，分別由左邊及由右邊開始。在筆跡心理分析的應用上，是由右邊開始計算，越是往右傾斜，角度越小，即少於 90 度；往左傾斜的話，從量角器上的刻度來看，則是大於 90 度。沒有量角器的話，大家也不用擔心，「貼地」又簡單一點的方式，是只要觀察出字的方向便可，詳見下圖：

向左斜　　　　正中　　　　　向右斜

字的斜度

字的大小（size）

量度整個英文字的大小，非常簡單，是以實際量度尺寸，計算字母的高度。以 copybook 為標準，高度為 9 毫米，超過 9 毫米的高度稱為大，如相等於 9 毫米的稱為平均，小於 9 毫米的高度稱為小。如圖下：

9mm

計算字母的高度

底線（baseline）

底線是由整行的英文字詞的中區域的底部相連在一起，直至最後的一個英文字詞的結尾，從左至右形成一條橫的軸線，筆跡心理分析要看的，是這條底線的形態。底線的形態各有不同，例如：向上、向下、平衡、向上彎曲、向下彎曲、高高低低等。

writing is simple

整行英文字句的底線

字母的連貫性（connectedness）

書寫英文字一般以小寫正階或潦草較多，不論是用哪一種書寫方法，不同人所寫的字，字母與字母之間，會出現不同程度的相連。字母與字母之間的連慣性，可以是非常連貫，或完全不連貫。更多的人，所寫的英文字詞，介乎兩者之間，程度各有不同。這反映出個人的書寫特色。

connected ⟸⟹ *disconnected*

連貫　　　　　　　不連貫

字母與字母之間的連貫性

字母的寬度 （letter width）

字母的寬度是以中區域字母的高度及寬度為參
考，一般會選用英文字母 n 或 u 來量度字母的高
度及寬度。例如：字母 n 的寬度大於其高度便謂
之闊，如果字母 n 的寬度相等於其高度便是平均
寬度。相反地字母 n 的寬度小於其高度，這便是
窄的寬度。

窄　　　　　　平均　　　　　　闊
1:>1　　　　　1:1　　　　　　>1:1

字母的寬度

字母與字母之間的距離（letter spacing）

字母與字母之間的距離，多數採用比較寬闊的字母
為量度參考，例如：英文字母 o 或 v。以字母的中

區域高度作為對比，如果字母之間的距離大於中區域字母的高度兩倍，便是距離闊。如小於中區域字母一半的高度，便是距離窄。如相等於中區域字母的高度，便是平均的距離。

字母與字母之間的距離

字與字之間的距離（word spacing）

字與字之間的距離，以字母的寬度作為量度的基準。英文字詞之間的距離，如能容納一至兩個字母的寬度，這個便是平均的距離。如果大於兩個英文字母的寬度，稱為闊，小於兩個英文字母的寬度，稱為窄。

word spacing

少於兩個英文字母的寬度 = 窄

字與字之間的距離

行距（line spacing）

行距主要分為闊及窄兩種。如在同一行字，英文字母的下區域接觸到下一行字母的上區域，這便是窄的行距。如果兩行英文字的中間，仍有足夠空間多寫一行英文字，這便是闊的行距。

字句的行距

字形風格

字型風格可分為三種形態，主要是以 copybook 為準則。第一種是簡約（simplified），筆畫線條的寫法，簡化了 copybook 的筆畫，所以筆畫線條較簡單及清楚。第二種是按照 copybook 的筆畫去寫，完全沒有改變，所以稱為 copybook。而第三種是雕飾（elaborated），相比起 copybook 的筆畫線條，會額外加有筆畫，用作裝飾。

Simplified　　*copybook*　　*Elaborated*

簡約　　　　　　Copybook　　　　雕飾

字形風格

起筆與收筆（starting and ending stroke）

起筆是指寫在英文字母前的額外一筆與字母首筆相連著，而收筆是指寫在字母之後的外加最後一筆。

起筆　　　　　　　　　　　　收筆

起筆與收筆

頁邊空白（margins）

頁邊空白是指所寫的字與紙張邊之間所留有的位置，有上及下，也有左及右，形態或有不一。根據英國的書寫標準，以 A4 紙為例，平均預留左邊空白位置距離，約為 1 吋。

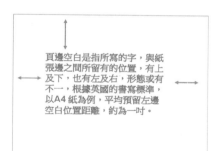

頁邊空白是指所寫的字，與紙張邊之間所留有的位置，有上及下，也有左及右，形態或有不一，根據英國的書寫標準，以A4 紙為例，平均預留左邊空白位置距離，約為一吋。

字與紙張邊之
間留有空白

原創性

筆跡的原創性，指的是所寫的字的外表形態，包括：字的大小、字母的區域比例及紙張上空間的使用方式等，與 copybook 原有的標準有差距，差距越大，原創性越高。

最後，希望以上簡單的筆跡心理分析小知識，能讓大家更容易理解往後章節的內容。

導讀

給正考慮未來工作
方向的朋友

職業是人生的重要一環。每個人對於尋找一份理想的職業都有一些想法。謀生是生活最基本的條件，生活無以為繼，很多事情都似是變得騰空而起，基礎不穩。於是，我們聽到更最多的是「找一份能夠發揮自我」的工作；又於是，終日尋尋覓覓，到頭來站在原地。好馬找不到，騎著牛總比徒步好！

就這樣，我們把大半生的工作付託於「牛」，還得要笑說每月等待那筆「心靈創傷費」；口裡雖說不這樣那樣，但或多或少已對心靈造成一定的壓力。

有感到壯志未酬嗎？

如曾有一刻這麼想過,那就暗示了我們在工作上才能未展,也未能實現自我。那是因為我們在選擇工作時,未能充分了解自己的喜好、專長和價值觀,以致未能盡展所長,找到一份與自己匹配的工作。

因此,不同範疇的專家就設計了各種各樣的性格能力測試,協助準備加入職場或已經身在職場的人士,清楚了解自己所長,期望能幫助這些朋友在職業發展的道路上,找到一份與之契合的工作,充實人生。

有國際市場研究公司指出,全球有關職業能力測試的線上市場,因需求激增而逐步擴展,全球相關銷售預計於 2024 年年底達至 11 億美元,並以約 6% 複合年增長率繼續增加,[1] 由此可見職業能力測試的廣泛使用。作為職場的一分子,必須多加了解,所謂知己知彼,才是職場致勝之道,從各類測試的大數據庫中,認清自己的能力與專長,協助自己找一份合適的工作。

1   Metastate, (2024), Online Career Test Market, https://www.metastatinsight.com/report/online-career-test-market

不過，市場上有著各式各樣的職業能力與性格測試，打工仔該如何作出選擇？近年在社交媒體上相當流行的 MBTI 測試，看似多是年輕一代，通過 MBTI 的分類，尋找自己的性格特質，作為朋輩之間的溝通話題。實際上 MBTI 測試也是職業能力測試的一種，在職場上，為不少企業所採用。MBTI 測試傾向從個人整體性格出發，通過不同的性格分類，匹配不同的工種，所以 MBTI 測試為不少職業指導顧問所採用，因為可以從求職者自身角度，了解他們的特質。不過這方向單一，並不全面，須從企業的角度，再去了解求職者，雙管齊下，方能更全面。

在企業層面上，有霍爾蘭六邊形職業人格測試，這個測試，早在 1970 年代於市場面世，多年來被廣泛使用。這個測試比較注重職業興趣與工作環境，與 MBTI 從個人整體性格的方向略有不同，故此在職涯指導上，傾向一同使用，務求給求職者一個較全面的分析。

不過測試始終是測試，總有不足之處，作為職場人，更需要清楚了解招聘市場的資訊與轉職需要考慮的因素，於是我們請來了資深獵頭顧問，以實務的角度，分享各項須知，助職場人更深入地了解自己轉職的需要。既有傳統的性格與職能測試，也有獵頭顧問專業的意見，看似完備，但以性格能力作「硬分類」，猶有不足。

筆跡心理分析其實是一個很好的補白工具，只因每個人的筆跡也是獨一無二，性格亦如是。以筆跡心理分析觀人，正如《清史稿‧卷五〇二‧藝術列傳一‧柯琴列傳》所言：「且筆法詳略不同，或互文見意，或比類相形，因此悟彼，見微知著，得於語言文字之外，始可羽翼仲景。」透過觀察書寫的微小細節，看清本質，才能為自己好好作出裝備。

因此，我們開展了「從華人手寫字看筆跡與職業的關係」的研究，希望通過收集相關數據，找出從事不同職業人士的筆跡和性別共通之處，協助各位朋

友通過自己手寫的字，方便配對所屬職業的可能。

在這次的筆跡手稿收集的活動中，我們總共收回484 份樣本，從數量看，似乎尚有不足。故此，本書所分享的只是初步的結論。我們期待通過這個初步結果，引起更多人關注筆跡與職業的關係，並參與我們的手稿收集活動。在收集筆跡的過程中，我們會同時間收集來自同一人的中文及英文手稿，期望可以有更多的發現。

縱然在本書完成一刻，礙於手稿收集的數量，尚未能完全公布中文筆跡研究的相關成果，但我們對中文筆跡的研究依然繼續持守初心，期待在未來日子，能收集更多來自各行各業的中英文筆跡手稿，建立一個屬於華人社會的筆跡數據庫，找出在華人社會中筆跡與職業之間的關係，為中文筆跡研究發展奠下堅實的基礎。

願共勉之。

天生我才，

職業與性格分類

生活，所謂「得閒死，唔得閒病」，每日「生存」和「生活」都營營役役，人生而有涯，要了解人生的意義談何容易？既然你、我的人生只能活一課，何不好好地「工作」，在自己、家庭、社會，好好地幹一場、活一場？那麼，尋找合適工作的起點該怎樣摸索？

天生我才，怎樣可以
做到一份理想的工作？

人，大概一生也離不開工作。甚麼是工作？工作，可以解作勞動、職業、崗位、差事等等；工作，可以是精神的勞動，也可以是體力的勞動。我們經常會問：「我們應該如何工作？要怎樣工作？我們的工作應該怎麼樣？我們的工作應該是甚麼？」這些思考，無論踏入人生哪一個階段，面對人生哪一個環境，我們都會反思著自己可以在工作裡獲得甚麼；應該以怎樣的狀態面對工作；如何理順自己的工作，以幫助創造有利職場生涯的條件。

在家，我們從小到大通常都會有父母的指引；在校，我們需要老師的教導和引領，建立學習的方向；在媒體世界，我們更要懂得自主學習這個成長和求生的終身技能，為自己的學習和人生負責。可

見，無論縱向或者橫向理解，人生，總是免不了教育、學習的一課，而我們所學習的，都免不了工作這一門學問。

那麼，我們怎樣可以做到一份理想的工作？這個課題的確很值得深思。

職涯規劃：孔子給我們的啟示

美國知名教育學兼心理學家約翰・杜威（John Dewey, 1859-1952）在《民主與教育》（Democracy and Education）裡提到一句至理名言，相信大家都可能聽過：

「教育不是生活，它本身就是生活。」（"Education is not preparation for life; education is life itself."）[1]

教育與生活，從來都是息息相關。小孩從呱呱墜地開始，不斷從父母、學校、媒體世界吸收不同的資

---

1   John Dewey (1916), *Democracy and Education*, New York: The Macmillan Company.

訊。這些生活的點滴都蘊藏著大大小小的教育。可見，杜威這句佳話從古至今都是適用的。

誠然，孩子在不同的階段摸索、模仿、自主、探索、沉澱到成長，春風秋雨，經歷多個寒暑。千禧年以後的香港學校，一直以培養學生樂善勇敢為目標，期望學生成長以至長大以後，都可以成為樂於學習、善於溝通、勇於承擔、敢於創新的良好公民。明顯地，學校建立學生全人發展的目標，為的都是想讓社會擁有更多富有理想，不斷向前的一代。而這個目標，不僅是老師和家長的期望，還是學生自己本身的心願。

在眾多的階段之中，學習「摸索」、「自主」的階段可謂最難、最抽象。究竟我在不同的人生階段要成為一個怎樣的人？幹甚麼工作？以怎麼樣的狀態工作？這些看似有形的目標，其實都需要很多無形的思考和實踐。

東方或西方的傳統智慧有不同的演繹，或許都可給我們一點啟示。儒家孔子在《論語‧為政》談到：

子曰：「吾十有五而志於學，三十而立，四十而不惑，五十而知天命，六十而耳順，七十而從心所欲，不踰矩。」

孔子對人生的理解，用今日的說話解釋，大概是：「我十五歲而有志於建立學問；三十歲能夠學有建樹而不易動搖；四十歲不易困惑；五十歲能理解萬事萬物規律所然，明白人事的限制；活到六十，人基本上已能事理通達，順應他人；到了七十，已能順心而從，行事方正，不會超越法度。」

孔子確實是古代中國不可多得的教育家，言簡意賅地攝寫了一個學子成長的一生，已經可以算是很早的「生涯規劃」教育（Life Planning Education），或稱為「職涯規劃」教育（Career Planning

Education）。與西方哲學不同的是，傳統的中國哲學智慧偏重由內以外的心領神會，對比西方的邏輯分析，可能有些朋友會覺得較難掌握。然而，單從字面簡單地咀嚼，相信也不難理解當中的道理。孩子由有志於學，能立而不惑，確實是需要經歷很多認識自己和掙扎的過程。倘若用現代人的思維與目光，就是孩子在年輕的時期已經需要學習了解自己和環境，以及自己和環境的關係和配合。

職涯規劃：看看西方專業教育學者怎樣說

至於現代社會的「生涯規劃」或「職涯規劃」，相信大家就會覺得比較親民。幾乎每個國家、社會的教育課程，都會有這個課題。人，生而為人，除了為了完善自己，也是為了建設社會和未來。這裡很想同大家分享西方兩位貼地的職業與專業教育學者，分別是美國心理學及教育學家唐納德・舒伯（Donald Edwin Super, 1910-1994），以及稍後會出場的約翰・霍爾蘭（John Lewis Holland, 1919-

2008）。他們出生的年代雖然距今非常久遠，然而，他們所提出有關人生規劃、尋找職業的道理和方向，用於今日社會，依然演繹得非常到位和精彩。

早在 1950 年代，舒伯寫過一篇文章，叫〈職業發展理論〉（The Theory of Vocational Development），[2] 有系統地談及人如何建立和規劃自己的生涯與職涯，很值得在這裡跟大家分享一下。以下是原文十項原則，簡單撮要和理解如下：

1. 人的能力、興趣和性格各不相同

2. 正是由於人有上述這些特徵，所以人可以具備條件成為某種職業的一員。

3. 無論哪一種職業，都需要人特定的能力、興趣和性格的模式，讓每個人都可以因著自己的特點，傾向從事某一個行業。

2   Super, D. E. (1953). A theory of vocational development. *American Psychologist*, 8(5), 185-190.

4. 人在生活和工作裡，都反映了其對職業的喜好和能力。自我概念（self-concept）也會隨著時間和經驗而變化。因此，選擇和調整對自我的認識是持續不斷的過程。

5. 這個持續不斷的過程可以概括為：成長（growth）、探索（exploration）、建立（establishment）、維持（maintenance）、衰退（decline）。而這些階段又可以再細分為：(a) 探索期的幻想、暫擬與現實階段（the fantasy, tentative, and realistic phases of the exploratory stage）、(b) 建立期的蹤跡和穩定階段（the trail and stable phases of the establishment stage）。

6. 人的職業模式，取決於父母的社會經濟水平、個人的心理能力和性格特徵，以及自己發掘的機會。

7. 生命各個階段的成長是可以指導的：一半
   可以通過促進能力和興趣的過程，讓生命
   更加成熟；一半可以通過檢視現實和發展
   自我概念而完成。

8. 職業發展的過程在本質上就是發展和建立
   自我概念的過程：這是一個折衷的過程。
   自我概念是遺傳天賦、神經和內分泌的裨
   補、角色扮演、上司和同事對角色扮演的
   評估，一起產生的相互結果。

9. 妥協，是個人與社會因素、自我概念與現
   實之間的過程。這也是一種角色扮演。

10. 工作滿意度和生活滿意度很大程度取決
    於個人能否充分發揮其能力、興趣、個
    性特徵，以及其價值觀是否找到出路；
    此外，也取決於人在成長和探索經驗的過
    程中是否找到其適合扮演的角色、工作類

型、工作環境、生活方式，以及其工作或
職業所派生的社會地位。

舒伯的文章篇幅很長，這裡無意作太過冗長的學術
討論。不過，上文的字裡行間，不難發現內容非常
具前瞻性，多少讓我們在性格認識、職業發展的生
涯上獲得一些啟發。舒伯經常提及能力、興趣和性
格對職業發展，實現自我的重要關係。他把人生角
色劃分了好幾個階段，包括：成長期、探索期、
建立期、維持期、衰退期。人在不同階段的發展
中，分別扮演著孩童、學生、工作者、公民、家庭
成員等角色。人的角色也因著場景不同，而有不同
的偏重和轉變。要扮演好這些角色，就要明白舒伯
的「自我概念」，好好了解自己的性格和能力，以
及自己所傾向的興趣，以達至實現自我。

人生與職涯的關係

無論西方還是東方社會，人都是通過不斷自我完善的過程成長。當中，或許因為成長環境、個人的心理質素不同，每人都有不同的性格，譜寫了不同的人生，以成就不同的自我。西方社會傾向科學、心理的認識，在中國古代，以及現在的華人社會，我們受著儒家文化所影響。儒家孟子在《孟子‧盡心上》說：「盡其心者，知其性也，知其性，則知天矣。存其心，養其性，所以事天也。殀壽不貳，修身以俟之，所以立命也。」簡單來說，孟子認為「盡心」、「盡性」而「知天」。人能夠盡其心智，知道和明白人心的善性，順而為之，則能修身持守，發展天賦，安心立命。這也是盡人與萬物的本性，發展儒家的理想人格，建設天地萬物。傳統中國儒家思想最終的目的是為建設社會，起點也是盡

心、知性。儘管這裡的「知性」與我們日常談到的「性格」不盡相同，然而，就著人類擁有複雜而且非常重要的「反思」動力，這一點或許與現當代東方、西方社會並無二致的。

如何從讀書時期，過渡到職涯生活

人生，由孩童發展至成人，由讀書時期以至尋找理想工作的過程，從來不易，當中一定經過好多跌碰和成敗。為了讓孩童更好地發展人生，現當代社會的教育大都有「生涯規劃」，或稱「職涯規劃」的概念。以香港為例，自 2014/15 學年以來，教育局不斷鼓勵學校加強相關服務，同時加強教師培訓，網上也有專設「生涯規劃資訊」網站，以一站式平台為年輕學生、家長、教師以至社會上不同的持分者提供不同的資訊，務求及早裝備年輕學生，為他們未來投身職場，發展潛能而作好準備。

客觀的資訊易辦，然而，要讓年輕學生在成長中認

識自我，不斷探索自己的生命的可能性，殊不容易。網站的資訊豐富，在「職業資訊 —— 行業與職業」一項，劃分了以下類別：[1]

1. 物流及貿易
2. 交通運輸
3. 航空
4. 創新科技
5. 媒體出版
6. 銀行及金融
7. 地產行業
8. 會計
9. 建築工程及機電維修
10. 市場推廣及公關
11. 法律
12. 設計
13. 行政及人力資源
14. 旅遊
15. 公共行政

[1] 香港教育局生涯規劃組：「生涯規劃資訊」，https://lifeplanning.edb.gov.hk/tc/career/career-information/index.html，2024 年 5 月 1 日瀏覽。

16. 教育及培訓社會及公共服務
17. 醫療護理
18. 娛樂及藝術
19. 服務及零售業

上述的分類以職業、行業劃分為主，有利於學生搜尋資料。然而，對於規劃生涯，尤其是自我探索與認知方面，相信都有一些地方仍然可以有些補白。

自我認識與發展 → 事業探索 → 事業規劃與管理

正面回應

教育局列出生涯規劃的三個要素 [2]

在生涯規劃教育裡，最難和最複雜的就是自我認識和發展的部分，而最弔詭的是，它同時也是生涯規劃最初段的部分。香港有關生涯規劃的教育，有以下建議的預期學習成果：[3]

中一至中三階段：認識自己及外在因素的影響

1. 對個人的成就、素質、性向及能力進行實際的自我評估

2. 運用自評所得的結果，建立自信及正面的自我形象。

3. 將自評結果與訂立學業及事業目標互相聯繫

4. 透過訂立目標、檢討、反思及策劃，制訂短期及中期目標。

5. 避免對某些職業及工作定型

中四至中六階段：深入認識自己及外在因素的影響，進行檢討及反思

1. 就學習經驗進行多方面的檢討及反思，以加強對成就、素質、性向、能力及個人／事業抱負

2. 香港教育局：《學校生涯規劃教育推行策略大綱便覽（第二版）》，頁 1。
3. 香港教育局：《學校生涯規劃教育推行策略大綱便覽（第二版）》，頁 1-2。

的全面認識。

2. 把個人成長及改變與生涯／事業發展融合

3. 制訂中期及長期的學習／事業目標

4. 認識社會對某些職業定型的問題及原因，並表現出克服問題的態度或價值觀。

可見，探索自我，不斷反思，都是教育階段裡很重要的部分。認識自我，不斷反思，發揮潛能，確實是人一生的功課。

職涯規劃與筆跡的關係　1.3

網絡上提供了很多有用的資訊，坊間也有很多心理及個人能力性向測驗，手到拿來。其實，筆跡分析也是一個認識自己的工具。它不僅有趣、生活化，最重要是通過了解人的書寫行為，了解人在當時的情緒投射，以及窺見各方位發展的傾向，包括：生活活力、性格、社交的行為模式、才智質素特點、工作質素特點、興趣和品味等。

筆跡，是人的書寫行為。每個人都有自己的書寫規律，而這種規律可以是具有一種潛藏意識的行為。人不自覺地在書寫的過程中留下自己思維流動的痕跡，流露自己的心靈需要和心理傾向。此外，筆跡所表達的字、詞、句子，本身就是與人溝通的工具和符號，每一個符號都有其能指與所

指，以之理解人的思維工具，可謂別具意義。

誠然，人以筆桿寫字，當中筆桿的動作、筆畫的設置、字詞形狀的大小、力度的大小、書寫的速度、紙張空間的配合等，都能反映人的思維和心理，包括意識與潛意識。常見的理解筆跡的方向有：書寫節奏、上中下的書寫區域、書寫力度、筆畫形象、字詞之間的聯繫和空間的配合、字詞的形態和變化、字詞的辨識度、字詞的方向與角度、簽名模式的選擇、個別字詞的結構和形態配合，甚至筆畫的起始和終結等，也是筆跡學常常討論和留意的內容。

關於筆跡學，或者筆跡心理學的發展，在全球已經有一定的歷史。西方筆跡學的起源，甚至可以追溯到公元前 3000 年。及至 19 世紀，西方筆跡學主要分為法國與德國學派，前者偏重獨立分析，後者偏重整體分析。至於中國有關筆跡的分析也可以見於西漢揚雄有關「言為心聲」的論述，當代中國的

筆跡學也有相當悠久的發展。

要理解人類書寫行為、心理、性格與職業的關係，必須要一個聯繫各方面的學術平台和基礎。談到筆跡、心理、性格與職涯以至自我認識的關係，除了舒伯以外，剛剛提及到的美國學者兼心理學家約翰·霍爾蘭的職業人格類型理論（又稱為「霍爾蘭六邊形人格」。本書稱為「霍爾蘭六邊形職業人格」，以突顯其人格理論與職業傾向和選擇的關係），也是一個很好的參考平台。霍爾蘭六邊形職業人格源自於「人格—職業配對理論」（Personality-Job Fit Theory），在職業及專業教育界裡享負盛名，而他設計的職業興趣測試更是獲得社會的廣泛應用，歷久不衰。

霍爾蘭六邊形職業人格可以分為實務型（realistic type，又稱為現實型、實用型）、探究型（investigative type，又稱為研究型）、藝術型（artistic type）、社會型（social type）、企業型

（enterprising type）、傳統型（conventional type，又稱為規範型）。

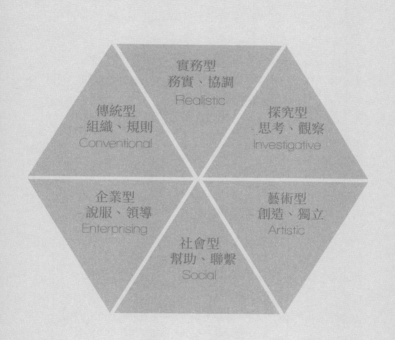

霍爾蘭六邊形職業人格（RIASEC Order），每個項目的對面，正正是較為對立和不同的性格。

以下為這些類型的相關筆跡分析要點：

實務型	Our London business is good, but Vie Mr. D. Lloyd has gone to Switzerlar good news. He will be there for zermott street. He then goes will join Colonel Perry and
	· 文字狀態傾向簡單線條，如小時候練習寫字用的字帖一樣。 · 字母的連貫性較強
探究型	Our London business is god, but Vrena and Bella are guist. Mr. D. Lloyd has gone to Switzerland and I am hoping for good news.
	· 文字面積較小，有時可能清晰度較弱，較難辨讀。 · 連貫性較強，以垂直筆畫為重。 · 中區域通常較小，風格以簡約居多。

藝術型	*Our London business is good . but Vienna and Belin are quiet .*
	· 好些文字面積較小，有時清晰度可能會較弱，較難辨讀。 · 當然，也有好些藝術型的文字面積較大。 · 筆畫有雕飾
社會型	*I am hoping for good News. he will be There for a week at 1396 Zermatt street. He then*
	· 文字形態比較圓潤，文字斜度較為右傾向前，結尾筆畫線條較長，具延續傾向。

企業型	*Business is good.* *Life is print.* *Did you read my* *notes?* · 文字形態偏向面積較大，文字斜度較為右傾向前，外觀較具特色，相對容易讓別人辨識。 · 中區域較細 · 底線穩定
傳統型	*Our London business is good,* *but Vienna and and Berlin* *are quiet. Mr D. Lloyd has* *gone to Switzerland and I* *am hoping for good news.* · 字母的排列精心安排和處理，文字、行距的空間相對整齊而具規律。

這裡可以簡單發現，書寫行為與性格特徵、職業的緊密關係。以傳統型職業人格為例，這類人在職場上大都喜歡遵守規則，行事理據充分。從正面的角度來說，這類人行事循規蹈矩，老實可靠，用貼地的廣東話來形容，即「擔屎唔偷食」，作為職場的隊友或下屬，可謂「好使好用」。可是，這類朋友也有弱點，最明顯的就是處事相對因循守舊，遇事可能較少變通，容易受騙，而且較為被動。創造力未必是他們的強項。

透過了解和明白不同人的筆跡，我們彷彿可以「見字如見人」一樣，神不知，鬼不覺地先行了解對方的性格種種，以及背後的心理密碼，為了解其所擅長的職業類型，提供了一些憑證。當然，人的生涯或職涯規劃還有很多元素的影響，包括職業態度的建立、目標設定、環境的影響等因素。然而，通過對筆跡的理解，相信也會為求職者和機構老闆配對合適的職業和崗位，這也是當代筆跡學發展的重要目的。未來筆跡心理學的發展不僅在於學術的

傳承，更在於這門東西方歷史悠久的學術，如何應用在不同的社會層面上，包括職場，以及教與學之上，為機構團隊的建立、個人成長探索提供了可以參考的方向。

下文我們將會逐一介紹各種類型的性格特質，以及相關的職業類型，並且了解社會上擁有這些背景和特質的知名人士，他或她的筆跡又是如何？在職場上，遇到不同類型的隊友，可以應對他或她的強項與弱項。在上位的，可以用人唯才，兵將善用，建立神級團隊；在下位的，如何看透世情，進可攻，退可守，人間盡是遊戲。

霍爾蘭六邊形職業人格：
實務型筆跡

1.4

實務型的朋友通常都有著「實事求是」的個性，大部分都是行動派（practical/ action oriented）人士，性格直率，待人非常直接，處事穩健務實。這類朋友大都四肢發達，手腳靈活，心志堅定，實而不華。因此，他們從事的職業特質都傾向於實務方面，對社會需要作「實質」而「有形」的建樹。即職業成果需要「看得見」，他們才能獲得具體的滿足感和成功感。工作成品、金錢、權力、地位都是他們所關心的成就。

這類朋友對事強於對人，處事乾淨利落，機動性強，重於實事多於說話。不難發現，他們充當的職業類型都是以理科、工科為主。這類職業大部分都是重於技術，刻苦耐勞、靈活變通，多以體力勞

動達到目的，如工程師、技術員、技工、農夫、漁民、工匠、電腦操作員、司機、機師等。一切涉及到操作器具、機械，他們都會喜歡。正是由於善於運用工具，目標為本，他們大部分都不傾向交際應酬，在人際交往方面相對簡單。坦誠、嚴謹、堅定，都是這類人的共同性格。

我們可以看看大家熟悉的美國著名科學家、發明家、工程師愛迪生（Thomas Alva Edison, 1847-1931）的筆跡，全篇布局非常嚴謹，左邊行距置齊，由開始至結尾，恍如直線，可見他行事具規劃，判斷力極強。再看各行文字橫線呈水平狀態，輕微上揚，協調力甚高，且具志向，無怪能成為一代偉人。值得一提的是，愛迪生英文字「t-bar」（按：「t-bar」即英文字母「t」中「橫」的一筆，在下圖中，隨處可看到長橫畫），位置高而長，延伸至右邊，甚至如一頂帽子蓋著其他字母。這些都反映其具前瞻性的目光與視野，意志力強大，而行事穩妥的特質。

the year 1887, the idea occurred to me that it was possible to devise
instrument which should do for the eye what the phonograph does
the ear, and that by a combination of the two all motion and
and could be recorded and reproduced simultaneously. This
a, the germ of which came from the little toy called the
atrope, and the work of Muybridge, Marie, and others has
been accomplished, so that every change of facial expression
be recorded and reproduced life size. The Kinetoscope is
a small model illustrating the present stage of progress
with each succeeding month new possibilities are brought
view. I believe that in coming years by my
work and that of Dickson, Muybridge, Marie and
who will doubtless enter the field that grand
can be given at the Metropolitan Opera House at
York without any material change from the original,
with artists and musicians long since dead.
following article which gives an able and reliable
count of the invention has my entire endorsation.
authors are peculiarly well qualified for their task
a literary standpoint and the exceptional

愛迪生的筆跡

霍爾蘭六邊形職業人格： 1.5
探究型筆跡

探究型的朋友善於分析思考、觀察，非常聰明，最重要是擁有無比驚人的耐性。他們大部分都是性格內向的人，能在職場上察言觀色，極為敏感細膩。由於具分析頭腦，他們與實務型的人一樣，處事謹慎、理性。他們思辨能力強，對事物好學不倦，能對環境作系統性的理解，有條不紊，充滿好奇心。

這類朋友正是因為常常以為自己看透世情，學識淵博，所以對於事物或情況立下的結論通常傾向保守的態度。若正面發展，是一個謙遜而且目光遠大的職場隊友；若走到另一個極端，也可以是一個過分自信，思想「離地」的外星朋友。在他們眼裡，只因為世人對自己並不了解，說得通俗一些，就是他

們覺得別人「level 未夠」，結果在職場上不知不覺間漸行漸遠，要小心注意。

不過，團隊能夠有探究型的朋友，其實是一件很幸福的事情。他們大部分都是一個「解難人」，而較少是「領導者」；可以獨立行事，也有若干的創造力，但領導群體從來都不是他們的強項。這類朋友傾向的職業類型的名稱通常有「學者」、「家」、「師」搭配而成，如：文化學者、教育學者、經濟學家、營養學家、心理學家、氣象學家、藥劑師、營養師、化驗師等。這些稱謂一聽一看，就是專業，正因為是專業，學識、才能的發展便有很多可能性。

後頁圖是愛因斯坦（Albert Einstein, 1879-1955）的筆跡。眾所周知，愛因斯坦是世界著名的物理學家，同時也是一位出色的學者和科學家。他的「t-bar」和愛迪生一樣，非常之高，也有向右延展的傾向。左邊行距同樣置齊，但相對顯得從容，

My dear Mr. Brunauer!

According to the suggestion you expressed in your letter of 19. V. I am giving you here reasons for my opinion concerning the best localisation for initiation of the Torpedo explosion, Dr. Neumann mentioned to you. The assertion is that the initiation should be made in front (Point A fig 1), not in the rear (point B, fig 1).

Wall   Fig 1

1. First a general remark of a raw qualitative character concerning the action of a underwater explosion on a deformable wall. If there is in C [Fig 2] an explosion the expl. pressure gives to a part of the wall (the extension of which being determined by a certain angle α and the distance h) certain velocities. These velocities resp. the corresponding kinetic energy is mainly absorbed by a plastic deformation of the plate. If deformation is deep enough the plate will break.

Fig 2

(α independent

plastic deformation

2. The extension of the deformed part of the plate is growing with h, the probability for the production of a hole is diminishing with growing h, the available energy being dispersed over a bigger volume of plate - material.

3. On pictures which were shown to me on your suggestion by Dr. Gorensen I have seen that the broken plates showed often radial lines of fractures (radial slits). This seems to show that the fracture is starting in the central region, extending afterwards radially in producing radial slits. One can also easely understand that maximum plastic deformation will occur in the central part (except in cases where there are weak spots due to the special structure of the wall).

距離有少許上落不一。然而，文字形成的橫行具水平線狀，即具判斷力，思維清晰。文字的節奏感很強，文字之間的綿密性高，較難閱讀。這種筆跡形態也可以表示寫字人的思維流動快，思維的速度甚至比手部動作和行為更快。

後頁圖是瑞典著名的科學家、哲學家及神學家伊曼紐‧斯威登堡（Emanuel Swedenborg, 1688-1772）的手稿。斯威登堡在大學時代，主要是研讀哲學，但同一時間，他也選修了數學、自然科學、物理學、拉丁文、希臘文及希伯來文。在畢業以後，他四處遊歷，之後成為了斯德哥爾摩的皇家礦務局特別顧問。其後，他又對自然哲學產生興趣，於是在天文學的領域方面發展。在同一時期，他也開始了鑽研解剖學和生理學。他在生命的後期，更相信自己受到感召，放下一直以來各種類別的科學研究工作，全心歸於上帝，精研神學，最終成為著名的神學家。

斯威登堡的字，是典型的探究型。正如前文所述，探究型的字，字體較小，不太容易給人看得清楚。這類朋友特別重視垂直筆畫；所寫的字，連貫性很強。這都表現了他們堅持不懈地追尋真相的性格特質。他們面對任何項目，也能逐一抽絲剝繭，最終在各大領域，都有突出的成就。

斯威登堡的筆跡

霍爾蘭六邊形職業人格： 1.6
藝術型筆跡

藝術型的朋友忠於自己，極有個性，與別不同。因此，可以想像到這類朋友極不喜歡因循守舊的行事作風。他們擁有豐富無窮的想像力，經常突破自己，也樂於創造，希望把自己對事物美感的追求，與人分享，獲得認同。這類型的人大部分都喜歡不同的藝術形式，如音樂、繪畫、寫作、舞蹈、表演、烹飪等。

他們善於運用豐富的想像力理解這個色彩斑斕的世界，偏重直覺和想像，善於表達，充滿理想，情感豐富細膩。

有時候，也就是因為太有理想、太有個性，喜怒哀樂分明，行事相當獨立，極有想法和主見，

因此，與喜歡規矩的朋友正正成為一個強烈的對比。若要概括藝術型朋友的性格和行為，一言以蔽之 —— 飄。這些朋友傾向的職業類型有：音樂家、藝術家、作家、舞蹈藝員、演員、導演、歌手、攝影師、廚師、室內設計師、園藝設計師等。

被稱為西班牙三大藝術家之一的巴勃羅 · 魯伊斯 · 畢卡索（Pablo Ruiz Picasso, 1881-1973），除了是藝術家，也是舞台設計師及作家。他所寫的字，字體偶有大小不一，筆畫線條粗幼有度，墨色深厚，部分字形外加雕飾，是典型藝術型的字。

蘇菲 · 塔克（Sophie Tucker, 1884-1966）在 1920 年代紅遍歐美並曾在英皇佐治五世及瑪麗皇后面前獻唱。當年她的唱片，曾連續五個星期登上流行榜第一位，銷量超過 100 萬張，並獲美國唱片業協會授予金唱片認證。她的手寫字，筆畫線條多為曲線狀，部分字母亦有雕飾。

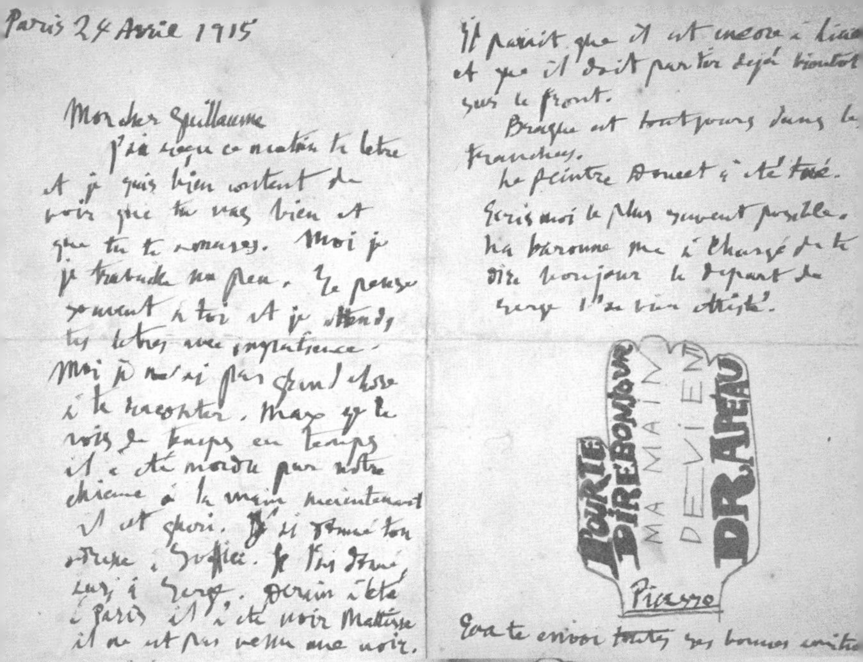

Paris 24 Avril 1915

Mon cher Guillaume

J'ai reçu ce matin ta lettre et je suis bien content de voir que tu vas bien et que tu te amuses. Moi je je travaille un peu. Je pense souvent à toi et je attends tes lettres avec impatience. Moi je ne ai pas grand chose à te raconter. Max je le vois de temps en temps il a été mordu par notre chienne à la main maintenant il est guéri. J'ai donné ton adresse à Soffici. Je lui donné aussi à Serge. Derain a été à Paris il a été voir Matisse il ne est pas venu me voir. Il paraît que il est encore à [illegible] et que il doit partir déjà bientôt sur le front.

Braque est toujours dans les tranchées.

Le peintre Doucet a été tué.

Ecris moi le plus souvent possible. La baronne me a chargé de te dire bonjour le départ de Serge l'a bien attristé.

POUR TE DIRE BONJOUR
MA MAIN DEVIENT
DRAPEAU
Picasso

Eva te envoi toutes ses bonnes amitiés

Sophie Tucker
1 | 11 | 46
GARDEN CITY PUBLISHING CO.,
GARDEN CITY, NEW

畢加索的筆跡

（圖片來源：https://commons.wikimedia.org/wiki/File:Fran%C3%A7oise_Foliot_-_Picasso_-_Lettre_%C3%A0_Guillaume_Apollinaire.jpg）

塔克的筆跡

（圖片來源：https://commons.wikimedia.org/wiki/File:Sophie_Tucker%27s_autograph_in_autobiography.jpg）

近代著名英國歌手 Adele，她的筆跡可謂清晰反映了她獨立創新、思想開放、富想像力的性格。礙於版權所限，本書未能使用 Adele 的手寫字圖，有興趣看看 Adele 手寫字的讀者，大可到網上找找。Adele 所寫的字與前面兩種類型的筆跡不同，有很多圖像化的點綴，如文句之間有心形、人臉圖像。值得留意的是 Adele 的簽名（後頁圖），同樣有一顆心的圖像，可見 Adele 打破寫字常規和習慣，呈現她富有創造力的個性。

創造力、創意是每個機構以至社會非常重要的軟技能。這種能力能讓機械和團隊不斷向前。因此，團隊裡如有藝術型的隊友，要好好珍惜，這類朋友雖然行事我行我素，有自己的審美和價值觀，然而，多跟他們相處交流，相信會在過程中有所啟發，發掘到一些自己從未探索過的部分，很有得著。

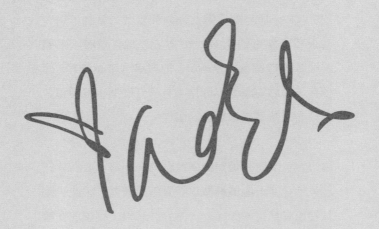

Adele 的筆跡

（圖片來源：https://commons.wikimedia.org/wiki/File:Adele_signature.
svg）

霍爾蘭六邊形職業人格：
社會型筆跡

社會型的人是熱愛建設社會的正義朋友。他們的道德價值相對其他五種職業人格較高，認為一切建議應該「以人為本」。服務社會、教導別人、導人向善，都是他們的性格和職業特質。他們大部分都善於表達和交際，喜歡分享，善於聆聽，樂於啟發他人。他們擁有無比的耐性，一切的目標和目的，都是為建設社會而努力，讓理想的世界更加理想。團隊合作，尊重他人，都是他們所相信的價值觀。

因此，社會型的朋友適合從事和人相關的工作，職業具有團隊性質，而他們是忠誠可靠而且極易合作的伙伴。他們的傾向職業類型有：社工、教師、講師、醫護人員、政府服務人員、輔導員、公關人員、接待員、客戶服務人員等。全都是樂於幫

助、聯繫人群的職業。

德蘭修女（Mother Teresa, 1910-1997）一生致力扶助貧苦大眾，不分國籍和種族。她的種種善行，獲得全球無數人的尊敬和讚賞。這位社會型的偉人，筆跡非常圓潤（rounded），表示重視人與人之間的關係。她的文字，每一筆都清晰流暢，平和而舒服。字體筆畫豎筆斜度微微右傾，顯示她是一個充滿溫暖友愛，平易近人的人。一些文字的收筆，同樣如花環一樣向右或上方延伸，呈圓形狀，顯示到她開放、隨和、樂於回應別人、接觸別人的性格特點。

德蘭修女與戴安娜王妃（Princess Diana, 1961-1997），無論年紀、身份與國籍，各有不同，但二人成為了好友，為的是傳揚愛。1992 年，戴安娜王妃來到印度加爾各答，並探訪修道院和孤兒院。但因德蘭修女在羅馬病重，未能與戴安娜見面。後來兩人在羅馬碰面，戴安娜王妃在德蘭修女身上感

受到強烈的靈性，在精神上有了聯繫，友誼從此開始。她們對窮人特別關心，理念一致，這就是社會型的特色。我們可以從戴安娜王妃的手稿上，同樣找到字形比較圓潤、筆畫較為延伸的書寫特色。

Dear Dolores Puthod,
    Your drawings are very beautiful - God has given you a beautiful talent -
    Use it for His glory and the good of the Poor -
    This is my prayer for you -

            God bless you
            M. Teresa m.c.

Cara Dolores Puthod,
i tuoi disegni sono bellissimi - Dio ti ha dato un magnifico talento - u.
per la Sua gloria e per il bene dei poveri - questa è la
preghiera per te. Dio ti benedica. M. Teresa

德蘭修女的筆跡

KENSINGTON PALACE

1 July 199

Dear Madam,

I wanted to write personally, to thank you so very much
the beautiful flowers you sent for my birthday. They truly
quite magnificent and I am deeply touched that you have
ught of me in this special way.

With my very kindest regards and warmest good wishes,

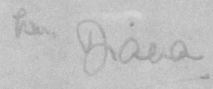

戴安娜王妃的手稿（圖片來源：作者提供）

霍爾蘭六邊形職業人格： 1.8
企業型筆跡

企業型的朋友，可謂是六種類型中最重視影響力和最有領導才能的人。他們喜歡擔當領導的角色，影響別人。因此，他們同樣善於交際，與人相處。不同的是，他們主要是通過良好的人際關係和網絡，建立自己在職業崗位和行業上的成就。他們大部分都自信滿滿，勇於突破，不怕競爭，擁有極強的信念，以達成目標。

他們自尊心極強，傾向透過名譽、地位、金錢等物質成就獲得個人滿足感；面對變化，處變不驚，相信「變，是永遠不變」的定律。因此，他們行事靈活，性格和行為同樣是多變的，正面評價是靈活變通、因時制宜；用今日職場上常講的形容詞，也就是另一種的「飄」。可以想像到，企業型的朋友大

部分都是老闆，或者有潛質成為老闆。能夠成為老闆的職業包括：銷售人員、政府官員、理財及投資顧問、房地產代理等。

想到勇敢自信、積極進取、具影響力的企業家，可以看看美國著名資本家比爾 · 蓋茨（Bill Gates）和英國億萬富豪、企業家理查德 · 布蘭森爵士（Sir Richard Branson）的字。不過礙於版權所限，本書未能輔以圖片說明，有興趣的讀者，可在網上查閱。兩位老闆的筆跡形態都是比較隨意的。蓋茨的筆跡底線橫行上揚有力，顯示其對將來的積極樂觀的態度，極具信心。他的簽名亦出現同一狀況。布蘭森在有線的簿冊上寫字，然而，可以看到他部分的字不跟隨橫線大小寫字，很多文字更超出橫線，字體較大，反映他渴望被看見，以及行事作風有彈性。他的文字同樣有著相對圓潤的特質，筆畫底線亦較穩定，就如後頁圖他的簽名，表示他善於交際。

右圖是屬於福特汽車創辦人亨利 · 福特（Henry Ford, 1863-1947）的一篇手寫愛情詩。福特於1903 年創辦福特汽車，是世界上第一位用上生產線概念去造車的人，並將汽車普及化。他所寫的字，每行底線都非常穩定，字母的上區域與下區域較長，表示他放眼未來，既能創新，也偏重執行，非常貼地。

比爾 · 蓋茨的筆跡

（圖片來源：https://commons.wikimedia.org/wiki/File:Bill_Gates_signature_(short).svg）

理查德 · 布蘭森爵士的筆跡

（圖片來源：https://commons.wikimedia.org/wiki/File:Richard_Branson_signature.png）

福特的筆跡

(圖片來源：https://commons.wikimedia.org/wiki/File:Henry_Ford_1890_love_poem.jpg)

霍爾蘭六邊形職業人格： 1.9
傳統型筆跡

傳統型的朋友，顧名思義，就是喜愛傳統和規範。每個時期都有相應的傳統，其實，稱之為規範型可能更加具體。他們具有保守、服從、規律、謹慎的性格特徵，通常執行能力極強，待人處事偏向循序漸進，喜歡一切的規矩和規律。這些外來的行事依據會帶給他們大大的安全感，不過，同時也讓他們較為因循守舊，容易走向極端，可能會成為職場裡愛挑錯處、不知變通的「正義之士」，或被稱為「executer」。他們傾向的行業類型包括：秘書、行政管理人員、保安、會計師、侍應、監督等。

話雖如此，傳統型的職場朋友對一間公司或機構的穩定發展非常重要。他們通常喜歡依從機制的規則待人處事，尤為適合或擅長文件工作，極有潛質擔

任公司的「filing 王」，或稱「人肉翻查機」，可以準確、可靠地告訴你任何檔案資料的出處，讓老闆和團隊可以「安心上路」，向目標進發。可見，他們對於穩定軍心，著實起著重要積極的作用，是老闆身邊的最愛。然而，也正因為他們太愛規則，倘若過度了，做事可能會變得墨守成規，超級「離地」。

前美國總統比爾 · 克林頓（Bill Clinton）的手寫字，便擁有傳統型的書寫特色。他所寫的字，傾向字字相連，中區或特別大，字母排列有其獨特之處，文字與行距有規律且整齊。看到這裡，大家或許心生疑問，剛才談到傳統型的性格特質，明明是喜歡依規矩辦事，擅長文書工作，為何這些特徵會出現在國家之首的身上？翻看歷史，克林頓上任初期，正值冷戰結束，他將執政的重心由外務轉往內務等，提出各項關於社會建設與制度的改革。正如前所述，傳統型的人喜歡規矩、保守，而制度審核與改革，為他的執政帶來更大的安全感。

六項人格類型既有分別，亦有相近相鄰的關係。每個人都擁有多於一個的職業人格，只是在程度和分量上略有分別，彼此相輔相成。當然，當中性格也有相對的關係，共通點較少。隨著斜槓族（slasher）的盛行，每人都可能同時兼具幾種職業和崗位，這種相對的關係或許有不同程度的改變。能夠知道自己的職業性格的傾向和相對的關係，對生涯或職涯規劃非常重要，也讓我們人生的道路可走得順一點。

誠然，每一字，每一筆，都是一種心流（flow）的體驗，朝著自我領導的（self-leadership）方向啟航。

STATE OF ARKANSAS
BILL CLINTON
GOVERNOR

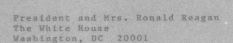

December 27, 1988

President and Mrs. Ronald Reagan
The White House
Washington, DC 20001

Dear President and Mrs. Reagan:

Chief among Christmas joys are the many
expressions of good will and affection that come
to all of us. Thank you for remembering me and
my family with the beautiful card this season.

We hope you had a very merry Christmas, and we
wish you happiness throughout the new year.

Sincerely,

Bill Clinton

BC:ld

*I appreciate the kindness
and courtesy you both have
shown to me, as an errant
Democrat, these last few
years! —*

克林頓的筆跡

（圖片來源：https://commons.wikimedia.org/wiki/File:12-27-1988_letter_
from_Bill_Clinton_to_Ronald_Reagan_-_NARA_-_198418.tif）

職涯規劃：從 MBTI 16 型人

格到筆跡心理分析

路漫漫其修遠兮，大家究竟如何在筆跡上下左右而求索，
以至發現自己，領導自己未來的方向？社會需要重視和重
組職涯規劃的系統、內容和發展；個人則需要明白自己的
性格特質和潛能。

在學時沒有好好學習的一課：職涯規劃

除了曾經在小學的中文課堂，討論過、幻想過將來長大後想做甚麼職業，以及提交過一篇「我的志願」作文之外，學校似乎再沒有全面地、連續地教導學生應該怎樣朝著心中的理想職業去好好計劃。好像要到了高中選修課程的時候，才再問自己究竟將來想做甚麼工作而去選相關的科目。依稀記得當時有老師與學校社工在有蓋操場放了一些展板，現在回想相信那些就是有關職涯規劃的攤位了。

職涯規劃涉及一個生命的成長，課程需要橫跨小學、中學的不同階段。暫且擱下不談學校相關常規課程的發展，這裡想先與大家探討一下職涯規劃對於一個人的成長有甚麼重要性及目的。

其實，職涯規劃的目的不單單是為未來的工作職業鋪路，而是一個全人發展的歷程。它有助每一個人從小就開始學習認識自己、了解自己的喜好興趣，從而裝備自己，為自己的未來做好準備。同時，職涯規劃也讓我們了解社會及世界的發展，捉緊每個學習的機會，打開不同職業的大門，探頭觀望，甚至可以親身去實地考察或實習。

認識我是誰？

我是誰？相信這是很多人在不同的人生階段裡，曾問過自己的一條問題。而職涯規劃的起點通常就是從「我」開始，包括了解自己的興趣、優缺點、能力、價值觀及性格傾向等等。有些人會透過參與團體活動，從觀察自己與其他人的互動中，得知自己的性情、待人處事的風格及思維方式等來認識自己；也有些人會在輔導的過程，透過輔導員或社工的協助，抽取在生命歷程中的一些成長片段，來探索自己的才華、情緒管理的方法及抗逆能

力等等；更有些人會透過回答心理及性格測驗的問題，從而得出結果，將自己分成不同的性格類型，以了解自己的性格傾向及生活方式等等。不少性格測驗在得出結果後，會建議不同性格類別的人所適合從事的職業等等。而 MBTI 就是近年在坊間其中一個非常受歡迎的自我性格評估問卷。稍後的篇章將會對 MBTI 有詳盡的解說。故此，自我認識就是職涯規劃的第一步。

開職業之門

有了對自己的認識後，可以開始探索不同的職業或工種。現今社會的媒介相當多，例如可從網絡上的職業介紹網站、職業介紹影片、職業指南、展覽、不同機構的開放日、博覽會、從業員的經驗分享等獲取最新的資訊，從而了解不同職業的職責、技能要求、學歷要求、工作環境、前途發展等，讓我們可以更好地建立更明確的目標，並制定相應的職業規劃。

你想與理想

檢視了自己，又搜集了很多不同行業的資訊，接著就可以將「你想」，一步一步規劃成「理想」了。職涯規劃不只是一個職業選擇，而是一個個人學習、提升和發展的長遠計劃。當確定自己的職業目標，收窄了職業的選項，就可以制定以職業導向的學習計劃和發展策略，例如選修相關的學科、提升相關的技能和知識，也要緊貼該行業的最新消息，持續關注所選職業領域的不同變化。透過不斷地學習和發展，我們就可以增強自己在該領域的競爭力，為實現理想做好準備。

總的來說，職涯規劃的目的在於幫助個人發展自我，接觸社會，緊隨世界步伐，並從收集相關資訊中，制定職業發展策略，為未來設定明確的職業目標及發展計劃，做出明智的職業選擇，並在不斷變化的職業環境中適應，實現理想及獲得成功。

讓你了解自我的 MBTI

職涯規劃的第一步是認識自我，我們可以從不同的途徑了解自己，以下將會介紹 MBTI 與筆跡心理分析。

MBTI，全名是 Myers-Briggs Type Indicator，是由兩位作者凱瑟琳・庫克・布里格斯（Katharine Cook Briggs）及其女兒伊莎貝爾・布里格斯・邁爾斯（Isabel Briggs Myers），早於 1960 年代，根據瑞士知名的心理及精神病學家卡爾・榮格（Carl Jung）的理論，一起編製而成的自我評估問卷。問卷一共有 93 題，所得的結果是將人的性格分為四個維度，而每個維度當中有兩個相對的極端，各以一個英文字母來代表，包括能量來源的維度：外向（Extravert - E）和內向（Introvert - I）；資訊收集的維度：實感（Sensing - S）和直覺（Intuition -

N）；決策方式的維度：思考（Thinking - T）和情感（Feeling - F）；生活態度的維度：判斷（Judging - J）和感知（Perceiving - P）。每個維度經過組合及排列，最後一共得出 16 種人格類型，例如 ENTP、ISFJ、INTP 等等。

人格傾向表

維度	人格傾向	代表的字母
1. 能量來源	外向： 傾向從外在世界、參與活動與人互動中獲取力量 內向： 傾向從內心世界、獨處時，在自我反思中獲取力量。	E I
2. 資訊收集	實感： 傾向注重當前的事實，來吸收具體及真實的訊息。 直覺： 傾向觀察大局，從事實之間的關聯和關係去獲取訊息。	S N

3. 決策方式	思考： 傾向邏輯思維，以客觀標準分析事情不同面向而作出決定。	T
	情感： 傾向考慮別人的感受，並以個人價值觀的準則來作出決定。	F
4. 生活態度	判斷： 傾向按照制定的計劃或時間表，有系統、有條理地生活。	J
	感知： 傾向靈活、即興、無拘束、隨心地生活	P

從 MBTI 選擇合適
的職業

怎樣才能選擇到一份適合自己的職業？相信這又
是一個很多將要進入職場，或已投身社會工作幾
年，甚至數十年的人都會發問的問題。無可否認工
作實在是佔用了一個人生命中一段頗長的時間。
舉例來說，一個人從 20 歲開始正式踏入社會，
打一份全職的工作，每年工作 50 個星期，每星
期工作 5 天，每天 8 小時，直至 65 歲退休，換
句話說，即是你的人生一共有 45 年、2,250 個星
期、11,250 天、90,000 小時，都是花在工作上。
這個例子還沒有將超時工作也計算在內呢。說到這
裡，你有甚麼感覺？驚慌？驚訝？無感覺？無奈？
興奮？憂慮？輕鬆？頂硬上？這就是人生？

如以工作是人生其中一部分的角度來看，既然大部

分人的人生都離不開工作，不如將焦點嘗試轉移到究竟是「我選工作」還是「工作選我」這個課題上吧。俗語有云：「有得揀，你就係老闆。」那麼要怎樣選擇呢？

請你現在思考一下，當你將要成為職場新鮮人，準備投身社會，或是你正考慮轉工、轉行，究竟有甚麼因素會左右你去選擇某個職業或某份工作呢？

1. 是你讀書時選擇的課程，取決你從事那個行業？
2. 是你對某個工種感到興趣而投身？
3. 是你覺得那個工作能為你帶來滿足感？
4. 是要滿足你父母的期望才選擇某個職業？
5. 是按照你個人的喜好來選擇？
6. 是前人的經驗影響你的選擇？
7. 是考慮到某個行業的競爭力、前景或「錢」景？
8. 是你向現實低頭，放棄理想去選擇的？

9. 是你搜集大量資料後得出的結果？

10. 是你不甘於平淡，排除萬難去選擇的？

11. 是你根據個人潛能、性格去考慮的？

12. 是你因為希望與某類人工作而作出的選擇？

13. 是那份工作所提供的薪酬待遇？

14. 是有熟人介紹入行的？

無論是以上哪些因素影響你選擇甚麼職業或行業，最重要的還是你對自我的認識是否足夠及全面。接下來，我們將會嘗試從性格取向、偏好，深入淺出地去介紹及描寫 MBTI 的性格類型特徵，當中又會將性格類型分為六大傾向類別，然後再逐一解說 16 種的性格類型。

你在閱讀的過程，可以檢視一下哪個類型的描述比較貼近你的性格或你傾向哪一方面。或許你會覺得有不止一個類型適合來形容你，這也是很正常的，因為這 16 種性格類型是以你的傾向、偏好為側重點，當你要面對不同的場景或生活情況，你自

然就會有不同的性格傾向表現了。

在這裡想提多一點，就是那 16 種性格類型，不是用來定型你是哪個類別的人，而是引發你將注意力放到自己身上，觀察自己，讓你先去了解及掌握自己，從而發掘自己更多的可能性，也反思現在的狀況或計劃未來的方向及目標。與此同時，也可以幫助你去理解其他人的性格特質、合作及溝通模式偏好。正所謂知己知彼，更好地學習與不同人相處，建立更理想的人際關係及網絡，提升團隊合作的默契，務必使你能順利走完那數十年的職涯生活。

MBTI 的職業分類

一、藝術傾向（artistic）類別

探索型 I：ENFP

這類型的人開朗、活潑、熱情、崇尚自由、富有想像力、勇於接觸新事物、獨立，同時富有同情心，對他人的情緒狀況非常敏感，有需要時會給予適當的回應及支持。另一方面，他們不喜歡跟從既定的規則，有時也會給人三分鐘熱度的感覺，興趣及喜好會隨著時間，或有其他新的事物出現而瞬間消逝。

適合從事的職業或行業：
藝術家、作家、記者、市場營銷、創業家、公共關係

在職場上獲得的評價：

表現出良好的適應能力，能獨立工作，也很快能夠投入新委派給他的任務，也時常為團隊帶來創意概念及新思維，與同事能建立融洽和諧的關係。

最佳拍檔類型：

1. INFJ：兩者都是情感導向的人，重視人際關係，能互相支持和鼓勵。
2. ENTP：兩者都對能激發思維、新奇的知識感興趣，享受思想的交流。

探索型 II：ENTP

這類型的人聰明機智、具有創意思維、充滿好奇心、分析力強、勇於挑戰傳統觀念，當遇到困難時，善於想出有趣的方法去解決問題。另一方面，他們比較不喜歡沉悶的事物，對於長期的任務可能缺乏耐性。此外，他們直率敢言的個性，未能及時顧及他人的感受，或會與人引起爭執及衝突。

適合從事的職業或行業：

市場營銷、廣告製作、科研人員、藝術創作、工程、攝影

在職場上獲得的評價：

在團隊中能表現靈活多變的一面，又因為喜歡學習新的知識及技能，所以在工作中的不同領域上也能展示才華，以及當面對挑戰時，能想出多個解決問題的方法。

最佳拍檔類型：

1. ENTJ：兩者的思維模式相近，可共同分享對工作目標的追求及領導的方針。

2. INTP：兩者在解決問題上都有強烈的分析能力，可以一起研究及討論。

二、企業傾向（enterprising）類別

果斷型 I：ESTJ

這類型的人具有領導才能、實事求是、有主見、有自信、重視規則、注重細節、處事明快果斷，會跟著一套清晰、有邏輯的標準來行事。另一方面，他們不習慣天馬行空的想像，傾向保守，也不太願意去接受新事物。另外，他們有時也會因為強烈的領導表現，而予人強勢的感覺。

適合從事的職業或行業：
項目經理、法官、法律顧問、工程師、執法人員、醫療

在職場上獲得的評價：
在團隊中肩負組織及領導的責任，有效率及按時完成被委派的工作，也能在壓力的環境下保持冷靜及理性。

最佳拍檔類型：

1. ISTJ：兩者在工作上都注重事實根據，一起合作能為公司建立有效的工作流程及確

保工作效率。

2. ENTJ：兩者的思維方式及組織能力有著相近的理念，同樣傾向理性及邏輯分析，能為公司或團隊訂立清晰的目標，提供建設性的意見。

果斷型 II：ENTJ

這類型的人外向、坦率、健談，善於收集數據，從而作出有系統及理性的分析。又喜歡訂立目標，作長遠的計劃，遇到問題會以理性角度去解決。另一方面，他們較傾向於堅持個人觀點，但這或許不容易讓他人接受。另外，由於他們較理性和重視事實，在團隊中與人相處時或會容易形成隔膜。

適合從事的職業或行業：
管理人員、律師、金融、人力資源、項目管理、投資

在職場上獲得的評價：

能為公司有效地制定策略及計劃，又擅長分配資源。一旦訂立工作目標，不但能帶領團隊向著目標按時有效地執行，更在過程中激勵同事一起追求卓越表現。

最佳拍檔類型：

1. ESTJ：兩者均注重公司目標的訂立及實踐，可以合作推動公司的成長與發展。
2. ENTP：兩者在性格、思考及決策的傾向上近似，合作時能更理解大家的行事作風。

願景型 I：INFJ

這類型的人喜愛獨處、重視反思、內省，同時注重他人的情感、善解人意、愛和平，努力與他人建立良好的關係，也有犧牲精神。他們做事傾向有計劃、有組織，喜歡按自己的價值觀行事。另一方面，因為他們以他人感受為先，常會忽略自己的感受；對於自我有高度的要求，或會感到有壓力及情

緒焦慮。

適合從事的職業或行業：
社工、心理學家、營養師、輔導員、牧師、瑜伽教練

在職場上獲得的評價：
在工作中表現出強烈的使命感，致力追求社會公
義、正義及以協助他人改善生活為目標。透過敏銳
的洞察力，能夠在關鍵的時刻作出明確的決定及提
供指引。

最佳拍檔類型：

1. ENFP：兩者在情感上能連結起來，願意聆
   聽彼此的需要，在困境中作對方的「避難
   所」。
2. INTJ：兩者一方面能尊重各自需要獨處的
   空間，一方面也能共享反思後的成果，作
   深入的對談。

這類型的人獨立、善於邏輯分析、有主見、不容易受他人影響、對自我有要求、有上進心。每當訂立目標，便會努力實現，遇到困難也會迎難而上，不輕易放棄。另一方面，他們因為傾向獨立思考及自主，不太善於表達情感，或會被認為是冷酷、欠缺同理心。另外，他們處事傾向有計劃及組織，所以變化、不確定的事情可能會讓他們感到焦慮不安。

適合從事的職業或行業：
建築師、律師、分析師、策略顧問、創業家、學術研究

在職場上獲得的評價：
有獨立處事的能力，凡事注重細節。又能透過數據分析，快速找到問題的癥結，以創新方法協助公司渡過難關。

最佳拍檔類型：

1. INTP：兩者都是偏好深入思考及遇到問題時積極地去解決，所以大家在工作上非常合拍。

2. ENTJ：基本上兩者都喜歡獨立處事，以及傾向以邏輯理解事物，因而能建立默契使工作順利。

三、實用傾向（realistic）類別

反應型 I：ESFP

這類型的人熱情、充滿活力、積極樂觀、活在當下、反應快、善於觀察。他們對於新鮮事物及冒險感興趣。另一方面，由於他們傾向追求新鮮感及刺激，所以對專注於長期任務會感到困難。另外，他們很在意其他人的評價及意見，往往因此影響他們的表達及決策。

適合從事的職業或行業：

演藝人員、活動策劃、教練、攝影師、導遊、輔導員、社工

在職場上獲得的評價：

工作態度積極，表現優越，尤其善於與同事溝通，亦具有敢於冒險創新的精神等，能夠推動團隊的業績。

最佳拍檔類型：

1. ENFJ：兩者都是「行動派」，顧及他人的感受，又能協助並啟發團隊成員成長及在和諧環境下合作。

2. ISFP：兩者都有著相近的性格特質，有敏銳的感知，善待他人，能一起營造融洽的工作氣氛。

這類型的人思維靈活、行動力強、善於交際，是社交場合的焦點。他們具有出色的適應能力，也有很強的感染力，能幫助他人學習和成長。另一方面，他們傾向行動先於深思熟慮，或是一邊行動一邊思考及作出決定，往往會有不似預期的反效果。另外，他們往往專注於當下及整體，而忽略事情的細節，或許會導致出現錯誤或有遺漏的情況。

適合從事的職業或行業：
運動員、探險家、冒險家、演員、消防員、商人、攝影師

在職場上獲得的評價：
在工作上勇於冒險，即使對被委派的新工作沒有經驗，也願意接受及嘗試，甚至有能力快速地完成。性格開朗及外向，能夠與同事有良好的溝通，有效建立團隊合作精神。

最佳拍檔類型：

1. ISTJ：兩者對待工作同樣認真，實事求是，彼此配搭，能積極以行動解決問題。
2. ISFP：兩者都富有自由精神，思維靈活創新，能在工作上提供非一般的觀點及方案。

四、研究傾向（investigative）類別

縝密型 I：ISFJ

這類型的人洞察力強，默默關注並守護身邊的人，也願意付出時間、用愛心去關心及幫助他人。他們擁有良好的記憶力，細心地記著他們所重視的人的經歷及事情。他們做事能貫徹始終，亦會勇於承擔責任。另一方面，他們傾向關心他人的需要，往往可能過於投入而承擔過多的責任及壓力。另外，他們傾向倚賴傳統及經驗，對於新事物、新事情，持著保留的態度。

適合從事的職業或行業：

醫護人員、社工、秘書、教育工作者、客戶服務

在職場上獲得的評價：

工作細心，有耐性，願意聆聽，不時提供專業的意見，令客戶留下深刻的印象。常常在會議中分享過往所累積的工作經驗及心得，在提攜後輩方面不遺餘力，值得嘉許。

最佳拍檔類型：

1. ESFJ：在工作領域中，兩者都是盡責的一群，也關心別人的感受，努力營造和諧的工作環境。

2. INFJ：兩者在團隊中都表現出忠心及誠懇的態度，除了不辭勞苦地工作，也善於洞察他人，幫助同事發揮潛能。

這類型的人處事認真、富責任感、井然有序、實事求是，因而獲得他人的信任。同時，他們為人踏實，重視傳統，喜歡遵守既定的規則及程序。另一方面，他們對於新事物及改變的事情會感到不確定及困惑。另外，他們在某些社交場合裡，會較為沉靜、嚴肅，給人冷漠的感覺，或許是因為這些場合讓他們感到不自在。

適合從事的職業或行業：
行政管理、會計師、律師、技術人員、偵探、醫生、審計

在職場上獲得的評價：
做事非常認真，對於工作的守則及程序也很熟悉。對客戶的期望及要求，也會仔細研究其可行性，並提出有用可靠的建議，既維護客戶的利益，也提升公司在業界的形象。

最佳拍檔類型：

1. INTJ：兩者同樣擁有策略性思維，以目標為本，共同合作可以形成一股強大的力量，貫徹始終地完成所有計劃。

2. ESTJ：兩者都偏好有系統地按著清晰的標準處理日常工作，講求事實的根據，果斷地作出決定。

五、事務傾向（conventional）類別

分析型 I：ISTP

這類型的人處事有彈性、為人公平、擁有良好的技術和操作能力，在高壓的環境下也能保持冷靜，找到實際問題的重心，繼而理性地迅速解決問題和困難。另一方面，他們不善於表達情感，需要個人空間，專注自己的內心世界，因而給人冷漠的感覺。他們也不善於組織，對於長期的計劃可能缺乏耐性及興趣。

適合從事的職業或行業：

工程師、技術員、工匠、消防員、救護員、機械操作員

在職場上獲得的評價：

儘管面對急速多變的工作環境，承受高壓，卻能夠保持一貫的冷靜態度，快速思考並作出即時及適當的回應。積極參與培訓課程，學習新的技能及知識，配合累積而來的工作經驗，大大提升工作效率。

最佳拍檔類型：

1. ISFP：兩者都是既冷靜又靈活的人，也喜歡有個人的空間安靜地思考，一起合作時懂得互相尊重及理解彼此的需要。

2. INTP：兩者彼此之間有著相近的傾向，有沉靜思考的一面，也有充滿好奇心的一面。喜歡理論，並以理性去分析及探索事物，可以是很好的共同研究及解決困難的伙伴。

分析型 II：INTP

這類型的人天資聰穎，專注力及分析力強，善於抽象理念，喜歡系統性地思考，精於解決複雜的問題。他們喜歡尋根究底，對於感興趣的事情，會投放很多時間深入地探索。另一方面，他們不善於交際及表達，傾向獨立思考及處事，或會給人獨來獨往的感覺；另外，他們傾向思考抽象概念及理論，因而對於細節和組織可能缺乏耐性及面臨挑戰。

適合從事的職業或行業：
科學家、醫生、藥劑師、設計師、研究人員、建築師

在職場上獲得的評價：
具有良好的專業技能及知識，配合其創新及獨特的思維，往往能夠將抽象的概念，化為具體的設計，並在實踐的過程中，注意細節及監督每個施工的程序，以確保安全及準確。

最佳拍檔類型：

1. ENTP：兩者都對感興趣的工作計劃表現高度專注，也會作多角度及批判性思考，又能激發討論，共同創建出新的概念。

2. INFP：兩者均較為內向，注重內心的世界，並擁有自我反思的能力，使他們在合作時，能夠建立相互尊重的關係，理解彼此的獨立性。

六、社會傾向（social）類別

關顧型 I：ISFP

這類型的人友善，對別人的感受非常敏感，喜歡及努力維護和諧的人際關係，具有豐富的想像力和藝術審美的眼光，傾向堅守自己的價值觀，重視有自己個人的空間。另一方面，由於他們不喜歡衝突及與人爭辯，所以在面對衝突或處理壓力時，會感到困難；另外，他們傾向及時行樂，時常追求自我的

興趣，欠缺對未來的計劃，也因而有機會忽視了別人的感受和應盡的責任和義務。

適合從事的職業或行業：
音樂家、藝術家、記者、作家、公關、設計師、攝影師

在職場上獲得的評價：
善於與工作上不同的客戶溝通，建立良好的關係，積極去理解他們的觀點，體貼他們的需要，並向客戶提出不同的方案，並在執行前細心規劃，讓客戶感到放心及有信心使用公司所提供的服務。

最佳拍檔類型：

1. ESFP：兩者都給人友善、親切的感覺，並傾向於活在當下。在合作中，他們常常營造充滿活力、歡樂及輕鬆的氛圍。

2. ISTP：兩者都是頭腦冷靜、靈活及有創意的人，一起工作時能為團隊帶來新的元素

及觀點，並以彈性的方式應對工作上的種
種挑戰。

關顧型 II：INFP

這類型的人富有好奇心、想像力豐富，善於以文字
及語言表達感受及內心世界，也能夠給予他人情感
上支持及回應，有無私奉獻的精神，關注他人及社
會的福祉。另一方面，他們對於自己或他人的情感
非常敏感，容易引起情緒波動；另外，他們是理想
主義者，凡事都往好的方面想，要求盡善盡美，容
易給人「離地」、與現實生活不相符的感覺。

適合從事的職業或行業：
藝術家、詩人、作家、設計師、公益事業、治療
師、社工

在職場上獲得的評價：
對於不同同事所提出的意見，會細心聆聽，也嘗試

從同事的角度去考慮及理解他們的需要，並配合公司的宗旨，提供適當的支持及解決方案，在協調員工及公司的期望取得良好的平衡。

最佳拍檔類型：

1. ENFP：兩者都具有正向和積極的態度，能夠鼓勵和激發團隊中的成員，也能夠為團隊帶來歡樂和輕鬆的氣氛，提高團隊的凝聚力和工作效率。

2. ISFP：兩者都傾向於感性和富藝術性的情感表達。他們若是從事藝術、文學或其他創意的領域，均能夠互相配搭，展示出他們的才華和熱情。

貢獻型 I：ESFJ

這類型的人有愛心，喜歡關愛他人，努力維護和諧的環境。他們是忠誠、責任感強的人，喜歡與其他人合作，協調不同人的意見，有能力帶動團隊達成

共同的目標。另一方面,他們渴求獲得別人的關注及讚賞,當收到批評或意見時,就可能引發自我懷疑及自信心下降;另外,他們有時會過於重視回應別人的請求及需要,而忽略了自己的感受及需求。

適合從事的職業或行業:
社工、護士、幼兒教育工作者、非牟利組織、諮詢服務

在職場上獲得的評價:
善於與人合作,重視及關心團隊裡每一位成員的成長,深受同事的歡迎及讚賞。在領導團隊方面,就像火車車長般,帶領或聯繫各部門,一同向著終點進發。

最佳拍檔類型:

1. ESTJ:兩者的執行力都相當高,能夠按照所定的計劃去完成。他們亦是可靠的團隊成員,清楚知道自己的崗位及責任,並願

意作出承擔。

2. ISFJ：兩者都是注重細節和實際情況的人，傾向關懷他人和表現得非常盡責。在工作上彼此能夠互相支持及鼓勵，並會致力推動團隊，以達成公司的目標。

貢獻型 II：ENFJ

這類型的人有同理心，傾向關注別人的情緒狀態。他們做事有責任感，也有良好的溝通及社交能力，善於領導及鼓勵團隊，發掘各人的潛能，以達成共同目標。他們是利他主義者，傾向促使別人成功優先於自己成功。另一方面，他們因過於關注他人的需要，以及承擔過多的責任而形成了不少壓力及不安；另外，他們不容易接受他人的意見，對別人的評價非常敏感，或會流露憂慮及自卑的情緒。

適合從事的職業或行業：
政治家、創業者、社工、心理學家、輔導員、客戶

服務

在職場上獲得的評價：
擁有優秀的領導能力，又善於激勵及感染其他同事以發揮所長，為團隊帶來正面的影響。在協調不同單位的工作上，精於與同事溝通，最終能使任務順利完成，並創建和諧的工作氣氛。

最佳拍檔類型：

1. ENFP：兩者都是外向類型，傾向秉持開放的態度、具創意及富想像力。能夠在工作上互相激勵和支持，並共同促進團隊的創新和合作。

2. INFJ：兩者都擁有誠實的個性，這是促進合作的關鍵。他們願意坦誠地表達自己的想法和感受。這種開放的溝通方式，可以增強彼此在工作間的信任，減少誤會和衝突，建立更健康的工作關係，同時提升工作效率。

MBTI 性格分類表

一、藝術傾向（artistic）類別

1. 探索型 I：ENFP　　　特徵：開朗與主動
2. 探索型 II：ENTP　　　特徵：機智與創新

二、企業傾向（enterprising）類別

3. 果斷型 I：ESTJ　　　特徵：可靠與自信
4. 果斷型 II：ENTJ　　　特徵：理性與果斷
5. 願景型 I：INFJ　　　特徵：組織能力強與深思遠慮
6. 願景型 II：INTJ　　　特徵：獨立與分析能力強

三、實用傾向（realistic）類別

7. 反應型 I：ESFP　　　特徵：積極與喜歡觀察
8. 反應型 II：ESTP　　　特徵：行動力高與適應力強

四、研究傾向（investigative）類別

9. 縝密型 I：ISFJ　　　特徵：細心與洞察力強
10. 縝密型 II：ISTJ　　　特徵：專注與踏實

五、事務傾向（conventional）類別

11. 分析型 I：ISTP　　特徵：善於解難與冷靜
12. 分析型 II：INTP　　特徵：喜歡尋根究底與專注

六、社會傾向（social）類別

13. 關顧型 I：ISFP　　特徵：敏感與喜歡關懷他人
14. 關顧型 II：INFP　　特徵：無私與重視情感連結
15. 貢獻型 I：ESFJ　　特徵：熱心與和諧
16. 貢獻型 II：ENFJ　　特徵：溝通能力強與喜歡激勵他人

喜歡 MBTI，但為何仍可選擇筆跡心理分析？

市場上有不同類型的性格測試，就如在前文談過的 MBTI，從 1960 年代初次出現，至今估計不少於 5,000 萬人曾經通過 MBTI 這個測驗，從 16 類性格特質中，找出自己所屬的類別。據官方的數據，每年不少於 150 萬人通過網上形式完成測驗。近年 MBTI 在亞洲地區，覆蓋率十分高，2023 年跨學科人文與傳播研究國際會議的一份研究報告指出，[1] 這兩年 MBTI 測試在內地年輕一輩的圈子內，非常流行，主要原因在於自我概念，通過這個測驗，大多數人相信他們的 MBTI 類型與自己相似。

縱然 MBTI 這個測試，面世超過 60 年，不少從事研究的學者持有保留的態度，對於整個測試的可靠性與有效生生疑，也曾經有學者認為這項測試屬於

---

1   Zeng, H. (2023). Research on the Popularity and Impact of the Myers-Briggs Type Indicator on Young People in China. *The International Conference on Interdisciplinary Humanities and Communication Studies*. 425-432.

偽科學，當中亦有指出當同一人在完成測試的五個星期後，再重做一次時，有 50% 的人，所得出的結果，與之前的並不相同。看到這裡，不少人或會有這樣的疑問，既然測試的結果並不如理想中準確，MBTI 測驗為何仍然這麼流行？

自我探索原是生命的一部分，人與生俱來就渴望更加了解自己，在年輕人身上尤其重要。在 MBTI 的 16 類型人格中，無論測驗結果屬於哪一個類型，結果還是正面的，至少可以看到該類型的強項，這是令人振奮的事情。此外，它還會讓人有「歸類」與「團隊」的想法，這樣的歸類，方便隨時和別人打開社交話題，成為一種流行文化。想知道 MBTI 有多流行？只要隨意走進一家書店，看看新書類別，大可看到近年出版大量關於 MBTI 的書籍，便可略知一二。

談到了解自己，我們常說人生來就是獨一無二的，若 MBTI 測驗是一個好方法的話，那麼在 16

種人格的分類下，總有與我們相類近的人，獨一無二的概念便不能成立，那麼追求卓越的你，能滿足嗎？再說剛才談過重做 MBTI 測驗所衍生的準確性問題，也是一個值得關注的事情。縱然如此，喜愛 MBTI 測驗的朋友，大有人在。

在筆跡心理分析的研習當中，其中一項與筆跡相關又較深入的心理學理論，是來自著名分析心理學創始人卡爾 · 榮格（Carl Jung），MBTI 測驗的基礎理論，同源於此。MBTI 測驗以自我評測方式回答預設的題目，從而衡量個人對周遭環境的感知與決策能力。自我評核的心理檢測工具固然免不了社會期望偏差（social desirability bias）的情況，也就是說回答問題的時候，或會傾向選擇一些讓自己感覺良好的答案而並非真實反應，或許亦因為這個緣故，就如早前有研究報告指出，重複再去做同一評核時，所得出的性格類型，並不相同。

說回筆跡心理分析，每個人所寫的字就是有著獨有

的風格特質。我們可根據榮格的心理學理論，通過手寫字的筆畫線條，逐一推算出自己專屬的 MBTI 性格類型，免除上文談到自我評核心理檢測工具所帶來的不確定性。

如何從你的手寫字，看出你屬於 MBTI 的哪一類型？ 2.6

人與人之間的相交，能遇上交淺言深的朋友，可以說是一個「彩數」。不過這個偶然遇上的驚喜，其實也可以通過「計算」來實現。這裡所說的「計算」，大抵上就是從不同類別的性格分類中演算出來，可以是消閒級的生肖與星座，亦可以是專業級的心理性格評測。簡單來說，就是將不同的個性特質，以不同的方式組合與分類，然後找出大家的共通點。相交貴乎相知，縱然大家都明白我們生來就是獨一無二的，歸類讓我們更容易看到大家相似的地方。那種雖不同但相近的感覺，在人際關係的溝通上，打開一扇窗，讓大家自在地分享經歷與想法。各人雖是獨立的個體，但人心因此漸近，並不孤獨。也許就是因為這個緣故，不同的性格分類，仍有其必要性。既然 MBTI 評測甚得人心，就

看看如何從筆跡，看出你的 MBTI 類別。

外向 vs 內向

外向與內向，一字之差，但南轅北轍。MBTI 理論基礎的始創者榮格指出性格傾向可分為兩大類，若不是外向便是內向，並將這兩種性格特質，標籤比喻為希臘神話中的天神，用以區分。葡萄酒之神狄俄尼索斯（Dionysus）便是外向性格的代表。相傳狄俄尼索斯四處流浪嬉戲，布施歡樂，又教育農民釀酒，讓葡萄給予世人源源不絕的能量，並於春秋舉行盛大二祭，使民眾狂歡喜樂。狄俄尼索斯有著無盡的能量，不停參與活動派對，榮格認為這與外向的性格特質最為相近。至於內向性格的代表，是希臘神話中的光明之神阿波羅（Apollo）。阿波羅天性聰慧，掌管光明、預言、音樂與醫術，被理解為內心世界的啟蒙；外在表達著有理性的原則與真實，內在則是光照自我、夢想，從內心出發，專注反思。榮格認為阿波羅面對真實的自我、心思細膩

的特質與內向者較相似。

MBTI 一份於 2023 年刊發的公眾文件指出，根據評測數據推算，全球約有 56.8% 的人屬於內向，也就是說擁有外向特質的人約為 43.2%，當然不同地區的外向與內向比例，並不盡同。當中，選擇以中文字為主要評測語言的結果，外向者佔 44.3%，而內向者則為 55.7%；歐洲地區外向者與內向者的比例，則為 66.6% 及 33.4%。

那麼外向與內向有何分別？MBTI 的定義指出，外向與內向的主要分別，在於我們集中注意的方向，以及從哪裡獲取自我支持的能量。「外向」一詞，顧名思義是向外的意思，亦即是說集中於外，能量取於外。性格外向的人喜歡與外在環境建立關係，因應外在環境人或事的回饋反應，而取得滿足。一般擁有外向性格的人，主要是透過人與人之間的互動而取得能量，所以既合群也善於交際，尤其喜歡陪伴與無盡的活動。

至於內向，是指傾向根據自己內心真實的想法、喜惡隨心而行。他們大多是群體中的孤獨者，雖參與其中，但實質內心抽離，心靈上獨立的空間才是他們的私人充電場。若問他們寂寞嗎？他們多數不會直接回應，只管獨個兒樂在其中，畢竟社交往往不是他們的那杯茶。對於內向這個特質，德國一位著名心理學家 Felicitas Hayne 認為世界以外向為主導，擁有內向特質的人，或因而被誤解。這種性格特質是需要被外界所理解與關注，於是促成了於 2011 年成立的「世界內向日」（World Introvert Day）的出現。每年的 1 月 2 日為世界內向日，選擇這一天，主要是因為充滿派對的聖誕及新年假期結束，可讓內向的人喘一口氣。世界內向日在 13 年間於不同地區，特別是印度，提高了公眾對內向者的優點與需求的認知，以及讓他們了解到尊重不同性格特質的重要性。

外向與內向縱然兩極，但不同的研究報告顯示，有大量的人的傾向是介乎於兩者之間。亦即是說他們

對外向與內向的傾向，有著不同程度的表達。正因如此，筆跡心理分析可讓你更容易找出不同程度的外向與內向傾向。

外向者 E 與內向者 I 的筆跡特點

外向者 E

外向的人所寫的字，一般不會太小，通常也能達到中等至大的水平。如前文所述，外向者喜歡與人建立關係，所以將字寫大一點，讓人更容易看到他的字，看到他這個人，這樣他就越容易向外界推銷自己。要在人群中成為核心人物，社交生活當然就不能缺少，人脈廣泛，聚會甚多，所以他們看來就有著無窮的精力，原因是他們通過形形色色的活動、人際交流而獲取能量。不過外向者也有另一種表現，有些外向者，並不熱衷於群體交往活動，但他們對於外在的所有事物，特別有興趣，運動或會是其一。這些活動給他們更大的能耐。故此，外向者寫字的力度，一般在中度至非常大力，嚴重

者，力透紙背。此外，字距、行距、頁邊的距離通常較窄，因為力量既源自人群，也來自環境，密密麻麻的布局是他們源源不絕的個人能量的投射。這樣讓他們既有安全感，也成為備受矚目的焦點，何樂而不為也？

內向者

與外向者向外發放能量剛好背道而馳，內向者的能量源自內心的那份「自我感覺」。說實話，他們的感覺並不容易去衡量，喜歡的話，往外多走兩步，感覺不良，便躲在自己的安全區中。他們的能量，即自我感覺是否良好，總是剛剛好，不多也

外向者筆跡

(圖片來源：https://commons.wikimedia.org/wiki/File:Theory_and_Practice_of_Handwriting-180-2.jpg)

不少。因此，他們所寫的字，力度偏輕，極其量也是中等。感受太強，或會嚇怕旁人，留在心裡就是最好的享受。由於他們不喜歡把一切對外發放，社交活動更不是他們的那杯茶。他們也不希望自己受到注目，眾人的視線目光讓他們感到很頭痛、苦惱。因此，他們所寫的字，字與字之間、行與行之間的距離，多比較闊，頁邊空白位置也是這樣，總之看起來，就是白多於黑，即預留的空白空間相比寫下的字多。這與所寫的內容長短，並無關係，那全是視覺上對黑與白的比例傾向而已。至於所寫

內向者筆跡

（圖片來源：https://commons.wikimedia.org/wiki/File:Michael_Agerskov%27s_handwriting.jpg）

的字的大小，不用多說，必然是小。心是要藏起來的，要不容易讓你第一眼就看得清清楚楚，這是他們的強項。他們非常重視內心的感受，要一開始就開門見山，打開心扉去顯露心底話，那是萬萬不能的事情。

外向者 E 與內向者 I 的筆跡比較

外向者 E		內向者 I
大字	▬▬▬▬▬▬	小字
版面密密麻麻	▬▬▬▬▬▬	版面疏落
力度重	▬▬▬▬▬▬	力度輕

直覺者 N 與實感者 S 的筆跡特點

直覺者 N

談到「直覺」二字，不少朋友或會直接聯想到「第六感」，像是被某種解釋不了的神秘力量所推動下的一些意念想法，瞬間在腦海中出浮現，來無影去無蹤，就是憑著感覺往前走。以研究人格心理著稱的美國麻省大學阿默斯特分校心理學系榮譽退休教授艾普斯坦博士（Seymour Epstein）早在 1990 年代便指出，人類認知系統在處理訊息上有兩種方式，一是以理性主導的邏輯思維分析，這要求數據與事實的支持，至於另一種是以體驗方式呈現，即是日常生活的經驗累積。我們過往的經歷，無論重要與否，或多或少會在我們的腦袋內，留有一些位置。當我們要進行任何決定的時候，這種認知

模式，會極速地在腦海中抽出部分相關的概念片段。這些零碎的想法，觸動我們的心靈，成為我們的直覺力。

直覺力較高的人，大多已「知道」事情的最終結果是怎樣，只是當問他們為何有這種想法時，在短時間內未能即時解釋。不少科研人員認為，這除了是生活的經驗以外，最重要的是過往對不同範疇的涉獵，尤其是從不同類別的書刊所獲得的知識，逐漸將此等直覺，變得較有系統。在決策時，縱然未能作即時解釋，但他們擁有豐富的認知儲備，「雖不中亦不遠矣」。蘇格蘭格拉斯哥斯特拉斯克萊德商學院的研究人員，於 2012 年發表了一份研究報告，當中便將「直覺」的概念與創造力扣上關係。

那麼擁有直覺力的人，所寫的字是怎麼樣的？前文談到創造力，創造就是要改善過往或現在的狀況。面向未來，發掘任何可能，往往是他們的重任，所以夢想對他們十分重要。正因如此，他們所

寫的英文字，上區域那部分，通常特別長，因為要想得很多，也要想得很遠。不過只是舉目往前、往遠方看，往往忽略了面前的一切，所以相對地，英文字母中區域那部分，變得特別細小，甚至乎無法讓人看見。除此以外，由於他們往往只是「知道」，但又不能作出解釋，或許可以說是根據事情的零碎點子而作出推敲，所以寫下的字，筆畫通常並不連貫，就等同一邊寫一邊去想。思考的時候稍停一下，完全是一件非常合理的事情，對嗎？

The insight of prajnparamita is the most liberating insight that helps us overcome all pairs of opposites such as birth and death

直覺者筆跡

實感者 S

實感者剛好與直覺者完全相反，所以某程度上，實感者或對直覺者的想法與處事方式，不敢苟同。他們多會認為直覺者只喜歡發夢，空談理想，雖面向未來，但好高騖遠，目標雖遠大卻又不夠「貼地」。對實感者來說，今時今日，實際最重要！至於直覺者，面對實感者時，總不明白為何實感者事事要交代，既要有數據，也要有實證，若證據不足，就不願向前；往往需要經過很長的時間，才能作出決定，既沒有彈性，也浪費時間；為了一棵樹，放棄一個森林，把事情拖著幹，前進不了。

看到這裡，大家或會感受到直覺者與實感者走在一起時對著幹的氣流。不過細心想想，所謂的直覺與實感，只是接收資訊的方式有所不同。直覺者依據經驗與感受，實感者也是說感受，不過那是實實在在通過五官所獲得的資訊。他們尤其相信親身的經歷與體驗，思維保守但穩實，再加上他們重視細

節，有要求，顯得理智與小心，讓人有一份可安心交托給他的感覺。不過凡事也有兩極，務實的另一端，就是當面對抽象資訊時，無法想像。

由於實感者特別重視細節，所以他們所寫的英文字，中區域那部分通常比較清楚。而中區域相對比上區域與下區域的部分，比例上是中至大型，原因是他們對已發生的事甚有興趣。他們不會忘記過去的種種，同時又會活在當下。他們對面前的一切都可身處其中去體會去享受，宜人的外在環境與旁人的反應是他們較重視的事情，資訊就是如此收集而來的。因此，他們的字多往右傾，不過也有不少人，所寫的字比較垂直，因為事實就是事實，既不偏也不倚。他們喜歡依著自己的邏輯思維，與面前的數據與實證，逐一仔細分析，找出當中的關聯，所以會有不少連筆字的狀況。

直覺者 N 與實感者 S 的筆跡比較

直覺者 N		實感者 S
上區域大	▬▬▬▬▬▬▬	上區域小
中區域小	▬▬▬▬▬▬▬	中區域大
筆畫不連貫	▬▬▬▬▬▬▬	筆畫連貫
斜度左傾	▬▬▬▬▬▬▬	斜度右傾

Love is patience !
Love is true !
God bless you !

實感者筆跡

情感者 F 與思考者
T 的筆跡特點

2.9

情感者 F

在 MBTI 的分類之中，情感者與思考者的分別，主要來自於決策的方式。情感者以人為本，特別看重人與人之間的關係。他們認為人生來就是各有不同，應該尊重各人的價值，因為感情和睦對他們來說十分重要。他們是情感豐富的一族，善解人意，也和藹可親，喜歡了解與幫助他人。榮格認為情感與個人的價值觀並無任何關係，也無對與錯之分，重點在於表達，因為任何事物或事件的本身，並不帶有任何情感，只是在人的意識層面上，轉化成為一種情緒，以表達感受。對情感者來說，內心感受非常重要。話雖如此，情感者在做決定時，看起來機智的他們需要資料與事實作參

詳，可惜往往受人為因素與他人的情緒影響而改變他們最終的決定。看到如此的性格描述，或許會容易讓大家認為，感情用事是女生的專屬。早在1980年代，就有學術研究指出女生出現這樣的性格特質的，大概有90%，於2024年一個關於偏見與性別差異的研究報告亦指出，只要隨意選擇一對男女，也會發現女生是情感者而男生是思考者的機率大概是95%。

內心情感豐富，以人為本的人，所寫的英文字，中區域那部分比較大，字的形態看來較圓。他們的動力來自於人，喜歡人與人之間建立密切與溫暖的關係；通常比較熱情，且具同理心，亦關愛朋友，所以從寫字的版面來看，字與字之間及行與行之間的距離通常較短，整體布局傾向密密麻麻的。他們善於向身邊的朋友表達情感，不過這些情感往往帶有主觀成分且直接，可讓人透不過氣，所以務必留意他們所寫的字力度有多大。

思考者 T

與情感者剛好相反，思考者很少表達自己的情感。他們看重事實的真相，要以中立的態度作出判斷，所以無論對人或對事，顯得既理性又客觀，給人的感覺往往是冷酷又無情，可以說是「高冷」一族，高傲且冷淡。這不是說他們沒有任何感情，與普通人一樣他們偶爾也會有強烈的情緒，不過若要隨心隨意地表現出來，反而會渾身不自在，甚至認為這是不合適的。他們不能理解為何要讓情感宣洩出來，所以會控制自己的情緒。所謂泰山崩於

Though Hutter had run by that house several times noticed the dog or the hole in the fence before. But photos of the floating dog head on Facebook, she le well-known around the neighborhood.

前而色不變，遇事不慌，沉著應對，就是他們的態度。在思考時，他們喜歡反覆推敲事件的細節，務求有充足的論證，以邏輯客觀持平地、忘情地找出真相。雖然這聽來好像很偉大，但英國倫敦大學學院（University College London）與 BI 挪威商學院（BI Norwegian Business School）於 2014 年的一個以4,000 名英國成年人為研究對象的研究報告中，指出思考者的疑心較重、行事大膽又勤奮，或許這就是他們鍥而不捨地追求真相的原動力。不過他們只顧往前衝，謹慎或會欠奉，如偏離原有航道的話，就容易衍生出「是否有盡責」的問題。

思考為重的人所寫的英文字，上區域特別大，相對地中區域則較少。面對情感，他們比常人多一分無力感，唯有加以控制，而人為的情感因素從來都不是他們在意之事，所以寫字的力度較輕，如蜻蜓點水。此外，作為一個以理性方式作決定的人，他們習慣以邏輯推理思考，並希望以此成為一個客觀的標準。他們所寫的字，字與字之間、行與行之間的

距離非常清楚、穩定和較闊。原因之一是他們總是清清楚楚地逐一推論。其二就是要保持距離，所謂退一步海闊天空，看得清楚，也不受旁人所影響。

s with a mixture of subscription
35 and sales, and advertising revenu

3m organizations that publish

themselves often metonymically called

情感者 F 與思考者 T 的筆跡比較

情感者 F		思考者 T
中區域大	━━━━━━━━━	上區域大
力度大	━━━━━━━━━	力度輕
版面密密麻麻	━━━━━━━━━	版面疏落

感知者 P 與判斷者 J 的筆跡特點

感知者 P

感知者本著既來之則安之的生活態度遊戲人間，喜歡享受過程中的喜與樂，雖然看來像隨波逐流，但波浪之間往往充滿驚喜。他們就是要有這樣的靈活自由度，沒有限制，充滿彈性。如要他們作決定，等同定下了一條死線，處處受掣肘的感受，必然會讓他們感到焦慮，坐立不安。既然如此，他們寧可活在當下，時刻持開放的心態，寓工作於娛樂。只有這樣，才可以隨時可收可放。因此，他們所寫的字力度飄忽不定，因應心情、面前不同的景況而隨時改變。除了力度可變，字距、行距等也有變化，不難在同一篇手寫字上看到版面的前段和後段或有不同的模式。之所以會有這樣的變化，是

因為他們具有打破常規的思維，而且創意無窮。亦因此，他們的字型通常會脫離 copybook 的原有形態，建立自己的個人特色。

判斷者 J

判斷者要求的是要有結果，所以他們往往是最盡忠職守的一個。他們要事事盡善盡美，該做的事就必須要完成，這才是負責任的表現。為此，事情發展過程中的各項細節及程序，以及完成的時間，就顯得非常重要。感知者過死線必憂，判斷者無死線不歡，代表完結的死線是他們最大的動力，有死

dinner with Maria is a gr
Enjoying with sha her, s.
Lev experience.

感知者筆跡

線在，他們便可以好好地計劃，並貼身監督整個過程，務求目標能達成。大多數的判斷者都是工作狂，為了目標，全情投入，休息是因為努力完成工作而賺回來的，這大概就是他們的人生。所以他們所寫的字，版面多會是整整齊齊又清清楚楚的，行與行及字與字之間保持穩定的距離。此外，他們最大的動力，就是把工作完成，所以多傾向全情投入。寫字的力度亦因而傾向較重而且肯定。他們對自己必須要做的事情非常清楚，每一步都不容有失，規矩與程序是他們所喜愛的，所以他們所寫下的字，字型與 copybook 的比較相像。

判斷者筆跡

感知者 P 與判斷者 J 的筆跡比較

感知者 P   判斷者 J

原創性字型 ▬▬▬▬▬▬▬▬▬ Copybook 字型

力度不定 ▬▬▬▬▬▬▬▬▬ 力度肯定

版面具可變性 ▬▬▬▬▬▬▬▬▬ 版面清清楚楚

從名人的筆跡例子，
看出所屬的 MBTI 類型

前文分別獨立談過了筆跡形態在 MBTI 的主要分類：外向者 E、內向者 I、直覺者 N、實感者 S、情感者 F、思考者 T、感知者 P 與判斷者 J 上的主要特質，看來簡單易明，但組合在一起，探討 16 種 MBTI 分類的字跡特質，又該如何處理？詳見以下例子：

後頁圖是韓國著名女子組合 Blackpink 成員 Rosé 的簽名。要考慮的是，簽名與真實的手寫字或有不同，在某程度上，未必能完全反映真正狀況。不過簽名表達著個人期望的形象，當中的筆畫線條特質，或能展現書寫人的個性，所以在無日常手寫字的情況下，暫作參考使用也無妨。

Rosé 的簽名，向右傾向強烈，名字與圖像分別向上下延伸，字形稍大。這是外向者 E 與直覺者 N 的特徵。此外，字形與筆畫亦較圓潤、清楚，且具原創性。由此看來，Rosé 應該屬於 ENFP 型。

右圖是胡歌的簽名。單從這只得二字的簽名，要判斷胡歌究竟是外向者 E 或內向者 I，並不容易。粗略估算，他在整張相片上，只簽在右上角的一個小位置，以此作推論，他所寫的字不會太大，很大機會屬於內向者 I。另一方面，筆畫分別往上下

Rosé 的簽名

伸延，中間部分並不太清楚；「胡歌」二字之間，並沒有快速連接的筆畫，只是看來密密麻麻，所以傾向是直覺者 N 與情感者 F。此外，這個簽名的筆畫，看起來非常肯定，線條亦較直，屬判斷者 J 的特徵。因此，胡歌應屬於 INFJ 型。

後頁圖為梅艷芳的手寫字與簽名。從所寫下的線條上來看，力度較輕，「Best Wishes」與簽名相隔有些距離，英文與中文簽名的筆畫傾向往上下延伸，筆畫不算太連貫，由此看來，是內向者 I 與直

胡歌的簽名

(圖片來源：作者提供)

覺者 N 的組合。不過字母與字母之間的距離較緊
貼，字形偏圓，這是情感者 F 的特徵。她所寫的英
文字，用上了如 copybook 模樣的英文大楷，寫得
清清楚楚，看來是判斷者 J。所以梅艷芳也是屬於
INFJ 型。

梅艷芳筆跡

(圖片來源：作者提供)

下圖是羅文於 1984 年舞台劇《柳毅傳書》特刊簽下的名字。特刊內還印有一封由羅文親手寫下的手寫信件，礙於版權所限，本書未能收錄，有機會再作分享。從羅文的手寫字所見，書寫字體不算很大，版面排列有序，筆畫粗幼有度，斜度左傾，字體傾向往上下伸延，顯然是內向者 I 與直覺者 N 的特徵。此外，筆畫線條呈曲線狀，行距較密，與情感者 F 較相近。雖然字型的原創性較高，但寫字

羅文在《柳毅傳書》特刊內的簽名

（圖片來源：作者提供）

力度比較肯定，版面亦傾向整整齊齊，看來是介乎感知者 P 與決策者 J 之間。不過整體上來看，原創性為重，偏向感知者 P。因此，大概可推論羅文應為 INFP 型。

看過了以上的示範，大家不妨試試，從筆跡看出自己屬於 MBTI 的哪一個類型吧！

求職者需要關注的性格特質

人生在不同的階段都要認識自己，實現自己。不同的企業機構，同樣需要不同性格和能力的員工成就公司的業務發展。過往，社會大都依賴面試或一些職業性格測試等去篩選合適的求職者，然而，這些測試一般都在限定時間內完成，你有你出招，我有我策略，彼此之間未必完全是真實雙贏的成功配對。筆跡心理分析可以是一個有效的方法，助你發掘未曾想像過的第二個可能性。對招聘市場有深入了解的獵頭顧問，也給予大家重要的提示。

該如何找到一份合適的工作

究竟如何找一份合適的工作？這是不少人所關心的事情。初出茅廬的畢業生，或會希望能從事與自己所讀科目相關的或與自己興趣相符的工作，不過也有更多的畢業生，抱著「有書讀」、「人有我有」的心態，懶理選修科目是否適合自己，畢業後才去想，結果在進入職場的那一刻，不知何去何從。亦有另一類同學，修讀了自己「心儀」的學科，看似順利，畢業後所選擇的工作也能跟「心儀」接軌，一切看似圓滿，過了一段日子，內心卻總有一些未能解釋的不足感，於是不停地轉職。大家或會看到「心儀」二字之外，是加上括號的，即是暗示了此「心儀」並不是真正喜歡的意思。不少人其實並不太清楚自己的想法，於是選擇那些「所有人都認為」該做的職業，因為這些是在社會上被認為是屬

於「成功」的職業。

其實，職場路途中，搵工跳槽、要轉賽道的，大有人在，更多人不滿意自己的工作，卻苦於不清楚自己喜歡甚麼、強於甚麼，於是往往糾纏於見工與搵工，與各大公司的人力資源部「對決」。不過這些你來我往的比賽中，發球權始終在於公司之手，那麼常處於下方的求職者，該注意些甚麼，才能裝備好自己，成為一眾公司希望聘請的對象？

大多數求職者在找工作時，抱著「希望」的心態，如希望薪高糧準、希望五天工作無超時、希望是名聲較佳的大公司等等。他們往往忽略了所選的工作，是否與自己的性格特質所相配。職場新人還好，至少可以合理又心安理得地轉換工作，作出不同的嘗試。不過已經在職場打滾了一段時間的朋友，縱然覺得有點不妥，但還有「轉場」再試的勇氣嗎？

我們從事筆跡心理分析的，聽得最多的莫過於職場舊人在問：「我還有第二個可能嗎？」作為職場舊人，轉場要考慮的，除了是機會以外，更重要的是勇氣。不過從事人力資源管理的友人們告訴各位求職者，性格決定命運，了解自已，才能知己知彼，才能在職場上無往而不利。

職業性格測試 vs 筆跡心理分析

有見工或面試經驗的朋友,或會留意到,不少大型機構在招聘過程之初,多會安排求職者進行不同類型的職業性格測試,就如前文談過的霍爾蘭的六邊形職業人格測試及 MBTI 性格評估。除此以外,坊間較為流行的還有雷蒙德・卡特爾(Raymond Cattell)的 16 種人格因素測驗、維廉・馬斯頓(William Marston)的人際風格測驗(DISC)、九型人格測試等等。原因是希望通過這些測試工具,在短時間內對求職者的性格作出評估,用以了解求職者不同的性格特徵與行為習慣與工作的要求能否配合。捨短取長,若求職者能夠在工作崗位上發揮自己的長處,更容易為公司成就雙贏的局面。

這類型的性格測試,最大的好處是可以在短時間之

內，根據公司的要求，篩選潛在的合適員工。尤其在畢業季，不同的企業公司都會收到海量的申請表和履歷，逐個逐個評估和篩選所花費的時間和成本很高，因此這不失為一個有效且快捷的方法。不過，這類性格測試也有其詬病。首先，這些測試大部分以選擇題的形式作答，可選擇的答案既有限制，也較為標準化，答題者或會在沒有清楚地去思考題目的要求下隨心選擇一個答案，所以答案傾向比較隨機。再說，答題者或會預計公司會喜歡看到的答案，然後作出選擇，即是他們是有機會提供不真實的答案，故此也未必能完全反映出求職者真正的性格特質。

此外，題目始終是題目，習慣於答題的朋友，面對任何形式的題目，總有其個人技巧。所謂學院派與實戰派對壘，完全能夠拿捏書面題目的人，在現實中，由於可變的因素甚多，在實際執行能力上或會有完全不同的表現。這也是各類性格測試未必能夠指出的地方。

不過面對海量的求職與職場新人，此等測試，也不失為一個好方法，作出初步的篩選。只是對於在職場有著一定的年資，見工面試可以說是等閒事的職場老手而言，他們或許已不止一次進行這些性格測試，身經百戰，對遊戲規則有一定的概念，較熟悉其運作，亦能預計應有的答案，讓他們去做，結果並不準確，同時也對其他初次進行性格測試的求職者不公平。

有人或會認為，性格測試的不足，可透過面試去「彌補」，可是這些富有面試經驗的應徵者，口才通常都不是一個問題，也慣於理解老闆的心意，最終面試全勝，直到真正入職的日子，才發現原來與面試所見的有著差距。

另一方面，對於一些資歷深，同時背景亦非常良好的應徵者，尤其是經驗豐富的高級管理人員，他們又一定會願意做這些性格測驗嗎？曾經從事人力資源管理的一位朋友，跟我分享了其中的一個經

驗：一位高級管理人員的候選人，首到人力資源部時，被要求依公司招聘的程序，進行職業性格測試。該名潛在高管，對於這個安排非常不滿，認為自己履歷表上的各項成績亮麗，此等供一般員工的性格測試，於其不合，有侮辱之感，也浪費其時間，更認為這是公司沒有誠意的表現，縱然人力資源管理的同事表明，這是公司一視同仁的要求，但這名潛在高管頭也不回地迅速離開。究竟這些測試，是好？還是壞？

此時，不妨考慮以筆跡分析代替這些性格測試。以筆跡論性格，由來已久，在外國的文獻上所記載的，少也有 400 多年的歷史，在更早年代的中國，漢代哲學家揚雄在《法言‧問神》中提及：「言，心聲也；書，心畫也。聲畫形，君子小人見矣。」所以將筆跡心理分析用於檢視求職者性格特質，協助企業招聘，是自然不過的事情。

美國密西根州立大學（Michigan State University）

及愛荷華大學（University of Iowa）一份關於企業選擇人才的研究報告曾經指出，約有85%的法國公司採用筆跡心理分析作為招聘之用；以色列的企業亦多以此作為選拔人才之用；英國《獨立報》亦曾報道過法國、德國及荷蘭等地區，約有80%的企業採用筆跡心理分析，但在英國及美國則不算十分普遍。

筆跡與性格，從來也是獨一無二，就如前一章所談到的MBTI測試，就算在測試上，屬同一類別，通過筆跡心理分析，亦可以看到性格上的異同，這正是筆跡心理分析獨特的地方。亦即是說，與性格測試相比之下，透過筆跡心理分析，能對應徵者有更深入的了解，找出合適的員工，以配合公司的團隊及企業文化。筆跡心理分析也可用於高級管理人員身上。

近年對於筆跡心理分析較有興趣的，多為亞洲地區，如印度及馬來西亞等地的資訊科技研究人

員。他們為了減少由經驗不足的筆跡心理分析從業員對分析結果所帶來的不穩定性，於是研究以電子方式優化整個筆跡心理分析的過程，用於企業招聘之中。

我要轉行？

一份由畢馬威（KPMG）發布的 2024 年香港高管人員薪酬展望報告指出，有 39% 受訪香港企業管理層考慮在 2024 年上半年轉工。而在 2023 年，亦有 43% 企業高層希望尋求新的工作機會。縱然如此，能成功轉職的，在剛才談到的受訪者之中，只佔 15%。從這些參考資料可見，希望轉工的人其實真的不少。

經歷幾年的疫情，相信很多在職人士都特別覺得時光飛逝；在工作上出現的轉變，對每間公司來說，在決策和制度上或多或少都有一定程度的改變。例如：公司業務發展地區，是否仍只侷限於香港或需要轉移至內地及其他國家？所有大小的預算，是否都要改為開源節流？公司還需要有辦公

室嗎？在家工作 24 小時 on call 已成平常事。再加上 AI 的普及使用，其驚人的工作效率，引致公司對人手的需求有一定的影響。作為一個打工仔，相信無論在哪一個職位，都一定感受到這些改變帶來的壓力。同時由於經濟環境的改變，對一些朋友來說，選擇轉工可能已是無可避免的出路。但究竟怎樣的工作，才是最適合自己？

初出茅廬的同學，通常以自己修讀的本科為先決考慮。已在職的人士，在同一職位做了幾年，擔負同一職責，上級也在同一職位多年，升遷無望，或許是要搵工跳槽人生才有希望。此外，踏入人生新階段，結婚或成為新手父母，為家庭轉換工作是不少在職人士的考慮。另一方面，累積了一定的經驗和儲蓄，有的人或會希望開創自己的事業，又或者年紀漸長，也著手為自己的第二人生鋪路。不得不承認，選擇工作的喜好會因應人生不同的階段而有著不同的想法，在某程度上，也有著不同的限制。不過這亦不等於年紀大，選擇就變得越少。

對於準備轉工，但又有著以上顧慮的朋友，資深獵頭顧問給了一個重要提示：「關鍵在於是否真正了解自己所長」。而不少經驗豐富的求職者，都希望通過筆跡心理分析去深入認識自己，從而換個跑道，展開職場上的「第二人生」。

錢途、前途 3.4

上一篇，資深獵頭顧問談到認清自己真正所長對職場生涯的重要性，不過現實就是現實，無錢就是萬萬不能的概念，早已根深蒂固。過往找一份「薪高糧準」的工作，似乎是不少人曾經有過的夢想，不過時移世易，我們偶爾也會聽到不少管理層投訴，加薪亦未必能使員工加時工作，更遑論加薪留人。

無可否認，「金錢」確實是大部分打工仔選擇工作時的主要考慮因素，尤其當人生階段出現變化，如畢業、新婚、新增家庭成員等狀況，財政需求更大。不過，近年工作與生活平衡（work-life balance）是職場的新態度，追求的是生活上的平衡，拒絕有開工無收工，成為「社畜」的一分子。不少人對於工作的心態或多或少都因這個概念而有

些改變，勞逸平衡或大於一切，不會再像我們上一輩那樣，一星期工作七天，早出晚歸，與同事見面多於屋企人。有些傳統及需求體力勞動較多的行業更不在話下，不但要早起工作，環境也不太好，地點還相當偏遠。這些工種都不容易招聘新人入行。亦因此有不少傳統的行業後繼無人，只能選擇關門大吉。

另外，有些「進退不得」的朋友可能有更深的體會。他們經歷公司近年的改變，雖然看見一些高層移民，但騰空的職位，有些是直接取消，有些則轉為外判模式，或從外面招聘新同事取代，並沒有考慮內部提升，而他們因經濟問題也不可能離職。這一切的出現，或多或少對在職人士的心情有所影響，更甚的或會因而對自己的工作能力產生懷疑。

再加上有些公司會用盡方法剝削員工，如不提供彈性上班時間，儘管在極端天氣情況下也要求員工上班；或因應生意的不穩定，而扣減員工福利等等。

各位朋友，如果您現正處於以上的情況，建議大家該花點時間，了解自己真正的需要，從而找到一份可以做得開心的工作，既能維持工作與生活平衡，又能符合經濟需求。

筆跡心理分析是一個可行的方法，幫助大家了解自己的需要。透過書內介紹的分析方法，找出自己在職場上的推動力，從而找到一份稱心滿意的工作。

心態定勝

不同類型的公司有著不同的文化，就以日本職場文化為例，當地與其他國家的職場文化差異頗大。日本公司不鼓勵隨便轉職，傳統的文化是「年功序列」，意思是以工作年資及職位，論資排輩來制定薪金的標準及終生僱用。即是說可以在同一公司打一世工。隨著時代變遷，這種工作的模式亦不一定被人接受。又例如與日本職場文化有點相近的泰國，也是以論資排輩為重，幸好大家也開始注重工作與生活平衡，工作壓力相對地少，準時收工，擁有一定的私人時間。

至於香港，作為一個國際大都市，有跨國企業、歷史悠久的傳統企業，也有林林總總的中小企業。開放型的文化，讓在職人士有更多不同的機遇，隨時

搵工跳槽。不論上司或下屬,雙方都可以依據僱傭合約條文終止合約,或補償代通知金便可請辭。沒有合約的情況就更簡單,一句「我唔做啦!」便逃之夭夭的故事,在職人士或會聽過不少。轉換工作,可以是一種既隨心也隨意的事。

但是在要做出離職的決定前,大家有否作出過全面的考慮?近年,不少人選擇裸辭,天掉下來當被蓋,逃離面前工作為重,明天到明天才算,這樣的態度,是當前的衝動?或是無法掌握的無奈?

資深獵頭顧問的分享與不同的勞動市場調查資料,可歸納出大部分人提出離職的原因:對薪酬不滿、工作壓力太大、工作時間太長、工作上不被尊重、沒有晉升的機會、沒有發揮空間、不喜歡現有的工作範圍、與同事的關係不佳、公司福利未夠好、沒有年終獎金或分紅太少、公司沒有發展前景、擔心公司倒閉或被合併等等。總而言之,離職的原因有很多,只是靜心細看,大部分是外在

的因素。在作轉職決定之前，大家可曾從自身的角度，為自己深度思索一下？這種「自思」，看來就是自私，但偶也無妨。思考過後，再把原因或問題逐一寫下，左量量右度度，看清自己的心意，才是往前走的最大動力。

或許我們可以先了解一下自己的家庭狀況、經濟需求。在人生不同的階段，有著不同的需求，廣告口號雖是這樣說，但這也是實實在在的現實，生活上的轉變，例如搬遷、移民、結婚或生育下一代，通常都是轉換工作的觸發點，因為我們對生活的態度及價值觀會因這些「生命上的大事情」而有所轉向。為了給予家人更好的生活條件，要買間大屋，亦不得不找一份有足夠報酬的工作，轉職確實是唯一的選擇。雖然下一份工作或會更辛苦，但經過調整心態，工作目標亦有不同，為家人而勞苦，沒有甚麼大不了的。這雖是一件轉職的小事，但心態清晰，是成長路上的一個進步。

如前文所說，本地職場有著各種類型的企業，多元化給求職人士更多機會。話雖如此，在不同類型的公司之中始終有著不同的職場文化，同一工種，在跨國企業與老牌傳統公司迴然不同。先不理會是哪一種職位，就以申請費用報銷為例，有些公司或會要求上載相關資料到電腦系統，再由上司審批，待每月指定的日子，員工便可取回報銷費用。也有一些公司，會要求先填報銷單及將單據交上，只是申請員工必須清清清楚楚地簽名作實。從表面看來，是電子化與人手處理的分別，但其實並非如此。人手的報銷表格上，是有要求員工簽名的位置，那員工自然會簽下個人大名。談到簽名，當大家還在想簽名是自己所設計的個性化簽名的時候，那就大錯特錯了，原來不明文的文化是簽名等同寫名，若「簽名」寫得不夠清楚，報銷表格很可能會連同單據一併被退回來，退回後又要重新在下一個截數日前作出申請。這些行政安排，各家公司各有不同，問題是作為員工的你，是文化如此，尊重為重？或是為了報銷，行動遵從，心態難從，在

日積月累下，達到臨界點，便馬上速速逃離？回到基本步，就是個人性格與心態，決定了你的下一步。

知己要知彼，應徵者
不被錄取的原因

在職場上，明白自己的能力與心態是先決條件，但
所謂知己知彼，換一個角度，了解一下大部分公司
不僱用某些應徵者的原因，從失敗中學習避雷的方
法，無往而不利。

在人力資源的市場上，有不少求職者，尤其是年輕
一代，希望能在跨國公司工作，除了認為是福利
好、機會多以外，不少應徵者著眼於跨國企業擁有
開放的溝通與團隊文化，便認定這是一個自己喜歡
的工作環境，於是看到招聘廣告，便馬上申請。不
過往往石沉大海，不知道是甚麼原因，明明年資與
學歷都有，但卻沒有面試的機會。在某程度上，
你過往工作經驗、曾在哪些類型與背景的公司工
作過，全都在考慮之列，因為應徵者的工作文化

背景，對是否能適應及融入新的環境是非常重要的。例如，歐洲公司喜歡人和，少些衝突；美國公司較喜歡性格直接與以目標為本的員工。如果自己的工作風格是獨行俠，有著俗稱「一腳踢」的職場背景，而偏去選擇喜歡團隊合作的公司，也只會浪費時間，你亦未必能適應這種工作環境。從人力資源的角度看，在有比較的情況下，何不優先選擇面見那些與現在公司有相近背景的應徵者？所以，錯不在你，背景經驗是需要考慮的。

也有可能是這樣，有些公司會因應營運方向而突然有所改變，所以招聘人手的預算也改變了，職位甚至會暗地裡被取消。這並不是應徵者的問題，就算有更好的技能及學歷，都沒有可能成功應徵一些已被取消的職位。又或者，應徵者對公司的認識並不多，也沒有在面試前多花一點力。網絡世界方便得很，不妨收集一下公司的資料。這些花時間調查而來的資料在面試時不一定能派上用場，不過至少能展示出你對公司的興趣，給面見你的人留下一個良

好的印象。有不少應徵者,連最基本的公司背景也不清楚,就以為自己履歷表上的資料已經足夠,這個以「我」為先的態度,也是其中一個不被錄取的原因。

剛提及到的網絡資訊問題,今時今日,在社交平台上發帖文,已是不少人的生活日常。不過這也可能是一個潛在的禍。曾經有一位大學生,成功獲聘成為一個自己非常喜愛的國際大品牌的銷售從業員,入職後,便馬上在社交平台上,展示公司給她的品牌制服及配飾,結果給公司看到,因違反保密協議,便隨即被解僱。其實,社交平台上的行為,如言行舉止不如預期、不論事無大小也在網上公開、公開過於暴露的照片、講粗言穢語、發文使用誇張字詞等,都有可能影響公司對你的評價,所以無論你是在職者或是應徵人士,都請不要低估各大社交平台與網絡世界的影響力。

所謂知己知彼,應徵者也要做一些研調,了解市場

薪酬和公司的薪酬結構是否在合理的基礎上、工作範圍是否與面試時所述相符、自己有多少議價能力、是否尊重公司的立場等等，都需要好好考慮。

剛才提到應在面試前花時間收集一下公司的資料，而做好準備功夫後，面試當天，又有甚麼要注意？要留意面試的一些大忌，不要拒絕回答問題、不要過於強調薪酬（尤其不要在面試最初階段就討論薪酬）、避免提出不切實際或與工作無關的要求，曾經有一個個案是這樣的：應徵者無論在經驗、學歷與工作背景文化，與公司的要求都相合，與人力資源人員也談得相當融洽，一切看似平步青雲，順利過渡。但在結束面試前，人力資源部主管問應徵者對公司有哪些期望，當刻應徵者有這樣的回應：「我希望有一張可升降的工作枱，可以舒舒服服地工作。」人力資源部主管在聽到後，愣了一下，沒想過應徵者會這樣回答。這看來小事一椿，但聽在專業者的耳朵裡，令他們對應徵者有另一個想法，是眼光過低？是過分自我的表現？這些

疑問，顯然並沒有為應徵者帶來進一步的消息，機
會就此消失，還是有其原因的。

給求職者的提示

在成人筆跡分析的個案中，我們看到不少朋友是希望透過筆跡心理分析，從他們所寫下的字，看出他們的能力所在，以及目前的工作是否適合自己。對於「能力」這個問題，不少人或會有這樣的疑惑，既然是自己已有的才能，該是自己最清楚，為何要假借他人的口？

其實，每個人生來就各有不同，受到遺傳因素所影響，有著不同的性格能力傾向。天生我才只可算是有先天之優，但有沒有後天的培養與訓練，又變成另一回事。就算是有相關的訓練，基本上也算是優勝一點而已，所謂「人比人，氣死人」，無論你的能力是如何，總是有人比你優秀、出眾，當然也有比你弱、比你平庸的人。俗語有云：「比上不足，

比下有餘」，理應滿足，偏偏有些人執著於自己能力不足、做得不夠好的想法。也有的人，能力雖不足，但樂於現況，認為自己做得剛好，做得對。人性就是如此，心態最易讓人跌入人性迷惑之中，然後開始懷疑自己的能力。

此外，在中國傳統的教養概念中，父母對子女的讚賞並不多。在孩童的成長個程中，最親近的人多是父母，在孩子心中，重要的人也是父母，只是不少父母都低估了他們的影響力，於是「做得不好」、「為何只得 90 分」等負面的說話常常衝口而出，或多或少影響了孩子的自信心，導致他們在長大成人後，很容易會低估自己的能力，心靈非常脆弱。而通過筆跡心理分析，他們除了能更深入了解自我的能力，亦能從專家口中、專業數據中獲得自信和勇氣。人，都是需要別人的肯定與鼓勵的。

再說，有一類人生來就是「異品」，能力非常強，做甚麼都成事，但這亦是問題所在。他們對市場規

則甚為清晰，在外人眼中，他們所學習的技能或從事的職業都是相當厲害的，被認為是成功人士，一切平步青雲。只是有能力的人，不會滿足於現況，心感猶有不足，要求自己可以更進一步，所以亦希望通過筆跡，發掘他們潛在的能力，從而到達一個更高更遠的地方。

誠如資深招聘顧問所言，作為一個職場人，無論你是否有轉職的想法，重要的是先要了解自己的能力，就如廣告標語所說：「尋『你』想，覓專長。」可反思一下，自己最開心是做怎樣的工作？通常會因甚麼而得到別人的認同或讚賞？參考以往的工作模式，大概也會知道怎樣的工作最適合自己。換個角度去想，想轉換的工作，要求是甚麼？現今的僱主都會考慮員工是否有多方面的技能，所以認清自己的能力是必須的。

此外，要清楚知道自己的推動力如何。推動力在某程度上，或與當時的家庭與生活狀況有關，但

更多是源自個人對工作的期望。這個「期待值」，各有不同，有的人光是為了金錢，有的人追求心靈富足，也有的人要求能從中讓自己有所成長。我們認識不少在學的年輕人，問他們對未來職業的願景，結果大部分新世代年輕人都不約而同地說希望成為 YouTuber 或 content creator，原因各有不同：可以每天開開心心、時間自由、自主創作、有網民回應。那麼正打算轉換工作的朋友，你對自己又有何寄望？

筆跡如人面，各有其獨特的個性，詳盡之處不能分類。通過筆跡心理分析，可以找出專屬的個人性格和能力傾向，這並不是一件容易的事，技術與經驗，缺一不可。不過大家也可以認識簡單的筆跡分析技巧，略知大概。

在本書的前言部分，談到了各項的分析技巧。英文字母可分成上、中、下三區域，而英國 copybook 的標準比例是 1:1:1。在香港學寫英文字的朋友，因

為香港的 copybook 是跟從英國的標準，所以比例上與英國相同。這三個區域的比例，正正顯示了你在職場上能力最強與最弱的地方。上區域代表了一個人的思考與計劃能力，中區域代表了處理工作細節上的人與事，至於下區域則表達了個人的執行能力與結果的重要性。一般來說，從商的人所寫英文字母的上區域與下區域通常比較大，至於中區域比較大的，通常是處理日常行政與人事能力較高的人。

若能力已足夠，但進步不了，那通常都是與推動力有關。推動力足夠與否，從筆跡上看，是一件非常簡單的事情。先請大家找來自己早前所寫下的英文字，從中找出細楷英文字母「t」。在 copybook 上的「t」字，橫的一畫被垂直的一筆疊著，平均分成左右各半。請以此對比你所寫的字母「t」，橫的一筆，是左邊比右邊長？或是右邊比左邊長？若果是右邊比左邊長的話，恭喜你！你有足夠的推動力往前走；至於左邊比右邊長的話，那就反映出你的推動力不足。

心水清的朋友或會有這樣的疑問，在一篇英文手寫字內，總有不止一個「t」字，若各有不同，又怎樣演繹呢？筆跡心理分析原也是數據統計的一種，所以當一篇手寫字篇幅較長，就有更多的數據去分析書寫人的性格和能力，不會只著眼於一個「t」字。手稿字數越多，筆跡分析的準確度也越高。

從華人手寫字看筆跡與
職業的關係

英文手稿「t」字可以看到一個人處事時潛藏的行動力，
那麼華文字的世界又如何？全球說英語人口超過十億；全
球說華語或漢語人口同樣超過十億。我們不禁會問，華文
筆跡世界可會同樣看到一個人潛藏的思維和行動力，以至
性格的種種特質？

為何要從華人手寫字看
筆跡與職業的關係

在研讀筆跡心理分析的日子裡，無論老師或學生，也常遇到一個問題，就是大部分的參考典籍都是國外語言的文獻，看似以英文為主，但卻不然，更多是德文與法文，始終從文字典籍的角度出發，有關筆跡心理分析的較早記載，多屬歐洲地區，隨著第二次世界大戰知識分子相繼遷往英美等地，筆跡心理分析在英美地區才流行起來。

回顧筆跡心理分析這門學科的發展，最早流傳下來的文獻是 1622 年所出版的，由一位意大利大學教授根據當時在民間有關筆跡學的不同說法，重新組織並將筆跡與性格之間的關係系統化，給後人留下這個有用的資料。其後這門學問輾轉流傳於法國的傳教士之間。那些年在西方社會，教會的地位舉

足輕重，而教會亦會特意培訓傳教士，讓他們發揮有效的影響力，所以當年的傳教士學識淵博，除了教會事工以外，多活躍於知識分子界別。當中擁有博士學位、在大學執教或從事學術研究的，為數不少。或因此而因利乘便，通過追隨教會的信徒，收集大量不同的數據，作研究之用。筆跡學就是那時的一個研究項目，最終成為了法國與德國兩個不同的派系。縱然執行方法略有不同，但結果一樣，不同的筆跡線條，不同的組合，反映出每一個人獨有的性格特質，筆跡學其實也是在數據統計下，所得來的一門學問。

這樣看來筆跡學還是有其根據，只是過往還是有不少人認為筆跡學是偽科學的一種。偽科學（pseudo-science）是指任何沒有經過或經不起可信性測試，又沒有科學方法支持下所得的理據，但表達起來卻包裝著「很科學化」的知識理據。當年第一位提出筆跡學是偽科學的人，是法國著名的實驗心理學家與智力測驗的始創人阿爾弗雷德・比奈（Alfred

Binet, 1857-1911），事緣是來自一個在巴黎發生的
政治事件。

比奈在成為實驗心理學家之前，是一位律師，一直
以來他對筆跡鑑證甚有興趣，只是當年的一個影響
力長達十年的政治事件，以一個看似並無科學可靠
性的筆跡說法作為法庭判決的理據，令比奈認定筆
跡學就是偽科學。然而，在他對心理學與科研的興
趣日增的情況下，他開始接觸不同的筆跡專家，並
與筆跡學之父 Jules Crépieux-Jamin 一同進行各項
與筆跡相關的科學研究，對象為兒童，並公告了從
筆跡可以理解兒童的智力狀況的結果。至此，比奈
撤回「筆跡學是偽科學」的說法。

往後的日子，筆跡學在西方學術界的研究依然繼
續，研究的方向，各有不同，有與法庭筆跡鑑定相
關的，有與個人性格特質與能力相關的，當中也有
與職場例如人事招聘有關。無論哪一個專題的研
究，以華人手寫字為研究基礎的都不多。在筆跡

心理分析的基礎理論中，書寫人最初在哪個地方學習書寫，以及基本的日常語言及文字，對整個分析過程有重大的影響。我們明白到西方與華人的文化存有差異，身處香港的人大部分學習書寫英文字母的時候，所用的 copybook 與英國學童所使用的版本，基本上沒有多大的差異，所以一直以來，將英國標準用於香港，並沒有任何異議。不過在處理筆跡手稿的時候，當兩份來自不同區域的手稿同作對比，在未進行任何筆跡分析程序之前，大多數人都心裡有數，知道哪一份由香港人所寫，哪一份由英國人所寫。在回顧筆跡心理分析在不同語言區域的相關文獻時，資料並不多，所以便考慮到西方系統化的筆跡心理分析方式，在華文社會下，情況會是如何？

此外，在過往處理的個人筆跡分析個案之中，大部分屬於成人的個案，無論是職場新貴，又或是已浮沉多年的資深員工，均表達對於自己所做的行業與職務的憂慮，對於「找對了工作嗎？」、「該做甚

麼工作？」這些話題，甚表關注。似乎要做一份「對的工作」，為佔據大半生時間的職涯作一個好規劃，並不容易。在職場上，不斷更改賽道，亦是等閒之事。

於是有不同的研究學者，以不同的角度，研究如何好好協助職涯的規劃。市面上亦因此有不同類型的性格能力測試，將不同性格特質與能力作出分類，以方便配合不同類別的職業組合，就正如本書所談到的霍爾蘭六邊形職業人格測試及 MBTI 人格傾向測試。霍爾蘭在訂立六邊形職業人格測試時，深入研究約 12,000 個工種的職能需求，以及對相關性格特質的需要，然後最終分類而訂立六邊形職業人格測試。不過以研究跨國家文化心理學及社會心理學著稱的荷蘭教授吉爾特·霍夫斯塔德 (Geert Hofstede, 1928-2020) 認為以美國企業環境為基礎的各項理論，建基於當地企業環境與數據，某些國家如加拿大與英國等的情況在某程度上或與美國相像，但若應用於其他國家，例如德

國、法國、日本及中國等，則並不合適。[1]

那麼近年廣受大眾歡迎的 MBTI 又如何？在流行文化上，作為年輕一代溝通的媒介，相信並無異議，但學術界對於 MBTI 的有效性，仍具爭議。在支持 MBTI 的研究之中，有大概一半的都是由 Myers & Briggs Foundation 所支持。此外，英國著名心理學家漢斯・艾森克（Hans Eysenck, 1916-1997）曾經在其著作 *Genius: The Natural History of Creativity* 中指出，[2] MBTI 雖然被指根據榮格的理論而設計，但在榮格的理論下，有意識與無意識的特質是相對的，所以 MBTI 測試至少將榮格一半的理論遺漏，這對榮格並不公平。若再從霍夫斯塔德的跨國家文化角度而言，縱然 MBTI 已有多年歷史背景，但用於華文地區作職業能力分類，似乎並不完全合適。

正因如此，我們考慮到每個人的手寫字，皆是獨一無二的，見字如見人，所以收集華人的筆跡數

1   Hofstede, G. (1993). Cultural constraints in management theories. *Academy of Management Perspectives*, 7(1), 81-94.
2   Hans Jurgen Eysenck (1995), *Genius: The Natural History of Creativity*, Cambridge University Press, 179.

據，希望從中找出與其所身處的行業與職能的共通之處，探索筆跡與華人社會中職業之間的關係。通過收集和分析一系列的手寫樣本，我們將研究筆跡的特徵、書寫習慣及與特定職業之間的潛在關聯。此研究的結果有望為個人職業發展規劃、人力資源管理和招聘策略提供有價值的見解。我們期望通過深入了解筆跡與職業之間的關係，為華人社會的人才發展和職業選擇提供實質性的貢獻。

研究方法與數據收集 4.2

這次的研究，主要是以手寫筆跡為基本，通過收集華人的筆跡手稿，探討華人筆跡特徵與其職業之間的關係，因此手稿收集極為重要。執筆隨意地書寫，屬於質量較佳的可作分析的手稿。不過根據過往的經驗，在任何事情也趨向電子化的年代，要執筆書寫的事情並不多，也常聽到人說很久沒有寫字。為了收集到足夠的筆跡數據，所以擬定英文及中文段落各一，讓參與研究的對象分別於兩張空白的 A4 紙上以原子筆抄寫，所抄寫的英文內容為「倫敦的信」及一段以企業責任為題約 150 字左右的中文。至於英文文書為何用上「倫敦的信」？會在下一篇詳細解說。

由於研究對象為華人社會的在職人士，於是開展

了「筆跡招募計劃」，於社交媒體 Instagram 一個名叫「筆跡學研究道路」的帳戶作公開招募。參與研究的人屬自願性質，他們先在網上指定的連結上填上簡單的資料，再在 A4 紙上抄寫剛才談到的中英文段落各一，之後寄到指定地址。以此方式登記的參加者，反應比預期中熱烈，不過能將真跡手稿寄回的，大概略多於一半。所以，我們也透過其他方式收集手稿，如在不同的與筆跡相關的活動上招募。此外，我們也得到一些企業協助，收集來自員工自願提供的手稿，覆蓋範圍包括製造業、零售、護理、商業與提供專業服務的機構。

手稿的研究，主要將各行各業及各職能分類，再配合西方的筆跡分析系統方法，先處理收集到的英文手稿。然後，通過不同的分析方式，將各項筆跡細節分類，也是先從英文手稿中找出當中的關係，附以文獻研究。此為第一期研究。至於中文手稿與各行業的關係，將會在稍後時段再作詳細研究分析。

倫敦的信

Our London business is good, but Vienna
and Berlin are quiet. Mr. D. Lloyd has
gone to Switzerland and I am hoping for
good news. He will be there for a week
at 1396 Zermatt Street. He then goes
to Turin and Rome and will join Colonel
Perry and arrive at Athens, Greece on
Nov. 27th or Dec. 2nd. Letters there
should be addressed: King James Blvd.
3580. We expect Chas. E. Fuller on
Tuesday. Dr. L. McQuaid and Robt.
Unger, Esq. left on the "Y. X. Express"
tonight & paid $12.24 for tickets.

在這個筆跡與職業的研究之中，我們要求參與研究的人士，以原子筆分別在兩張空白的 A4 無間線白紙上抄寫一段中文及英文文字。其中英文文字的抄寫內容為「倫敦的信」（London Letter），不少參加研究的朋友，在抄寫的時候，多會產生一個疑問，就是與倫敦有何關係？ 就連研究團隊成員初初也有這個想法。

這封倫敦的信，究竟是誰所寫下的，早已無從稽考。從內容所看，大概只是某人的一些生活點滴，平凡得很，內容既無特別，又不是由大人物所寫，用上了又有甚麼意義？

其實這封倫敦的信，在國際上是頗有名氣的，名氣是來自它的「被使用性」，因為這封信件，主要是用於筆跡鑑證的範疇，作為筆跡對比的範例標準。談到筆跡鑑證，不少朋友會直接聯想到簽名的真偽，所以對於這封倫敦的信，還是有點摸不著頭腦。在筆跡鑑證之中，除了簽名真偽，亦有不少是

與筆跡有關的，例如是匿名信、手寫遺囑、勒索信等涉及手寫字的個案。

無論是簽名或手寫字，主要是透過差不多同期的已知屬於原書寫人的筆跡（已知筆跡）樣本作對比。對於這些已知筆跡樣本，在質量與數量上，是有一定的檢驗要求的。此外，也要有足夠證據證明那些已知筆跡樣本是由原書寫人所寫，原因是在整個筆跡鑑證的過程中，檢查人員會根據這些已知筆跡樣本上的特徵，找出原書寫人的寫作習慣，然後與被懷疑的文書作對比，用以找出兩組書寫習慣的異同，再作結論。通常，如要在懷疑簽名的個案上作同類比較，就要找出已知簽名樣本。這在各種類別的文書之中，是較容易收集的，可是在手寫字的個案上，要收集同類筆跡，並不是一件容易的事，於是便有「要求樣本」的出現。

要求樣本通常是當事人、嫌疑人或相關人士，按著司法人員、律師及檢查人員的要求及在他們見證之

下所寫。大家或會對這些要求樣本產生了疑問，假若被要求去書寫的人，怕被知道被懷疑的筆跡是自己所寫下，所以在寫要求樣本時，偽裝一下，又或是在書寫時，書寫人因應書寫現場的狀況而不知不覺地感到緊張，與平時的表現不同，於是從字的外在形態來看或稍有不同。這些情況或會存在，但在筆跡鑑證的過程中，對於這些情況，也有其檢查方法，解釋這些疑慮。

這封倫敦的信，其實就是剛談到要求樣本中的其中一篇較普遍使用的範例。我們在收集手稿數據的過程中，有些參與者在抄寫完畢之後，告訴了我們對這篇倫敦的信的想法。其中有位觀察力較強的朋友，發現到這篇文字的英文大楷細楷、26 個字母、10 個數字、不同類型的標點符號，全部齊全，所以還是有點意思。

在外國的一些刑事案件之中，通常由調查人員將這篇倫敦的信的內容逐一讀出，然後由嫌疑者默

寫。默寫是重要的過程。默寫時，書寫人並不知道需要寫下的內容的來龍去脈，只著重聽和寫，在這情況之下，英文的大楷與小楷、標點符號、字詞的拼法與書寫方式等，並不在書寫人預先想像的範圍內而早作安排，所以較能夠反映書寫人的自然書寫方式。始終筆跡鑑證所要求的，是找出有疑問的筆跡，原作者誰屬，所以是有需要的。

那麼慣常用於筆跡鑑證的倫敦的信，為何又用於筆跡心理分析之中？其實這篇倫敦的信，亦曾在不同的研究中所使用，其中一份研究由印度德里大學（University of Delhi）的人類學部所發表。研究以 25 組家庭為對象，這些家庭必須要有一對雙胞胎及兩位兄弟姊妹，並接受英語教育，目的是要找出同一家庭成員之間的筆跡異同，而作為研究的媒介，就是這篇倫敦的信。此外，也有不同的性格特質分類與筆跡心理分析的相關研究，也用上了倫敦的信作為筆跡數據收集之用。正因如此，我們的筆跡與職業研究，亦用上了這篇倫敦的信。

從本地研究數據告知你關於左右手與在哪裡初學寫字的疑惑

截至 2024 年 4 月 30 日，我們一共收集到 484 位自願參與本研究的人士所提供的中英文手稿及相關行業資訊。在所收集的手稿之中，男女比例大概為 1 比 3；在年齡層的分布上，約八成參與人士為處於在職年齡層的年紀，即 26 至 59 歲之間，其中

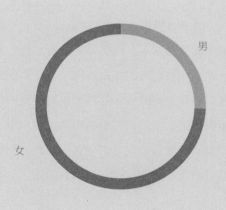

參與者性別比例分布

約七成數據來自中年人士，即年齡在 30 至 59 歲之間。

除以上基本資料外，就筆跡心理分析原則之基礎，資料問卷特意要求參與研究的朋友，提供其最初學寫字的地區。這項資訊在筆跡心理分析上，尤為重要，若大家回想年幼時期，又或是有年幼子女的父母，看著孩子的小手，隨時拿起筆來，自然地亂塗亂畫，畫下的通常也是一些在一般成人眼裡看起來並無任何意思的筆畫。不過這些筆畫線條，雖

參與者年齡比例分布

然觀者無心，不明所以，但寫字者卻有其意思。只要旁觀者，旁敲側擊，耐心聆聽一下孩子的解釋，自會明白箇中真意。線條其實也有其獨特的個性密碼，不過這種密碼，還須家長協助以解密。

說回執筆學寫字這個話題，大多數人在最初學習寫字時，老師會給我們一本 copybook，然後依循印在 copybook 上的虛線及箭嘴方向，逐一將筆畫畫下，然後完成整個大楷英文字母。在此我們只可以說是畫下，因為孩子最初對第一個英文字母 A 的圖形，除了聽老師說「A for apple」以外，並未完全地真正了解，甚至乎在畫字母線條的時候，偶也有筆畫方向之誤，不過這並不太重要。在經過多次反覆練習，慢慢掌握手部控制執筆的肌肉，隨著不停地書寫練習，漸漸有了記憶，成為個人習慣，於是我們會見到 copybook 的稍後頁數，或現今幼稚園學生多會用上的工作紙上，那些作為引導的虛線與方向箭嘴已完全消失，取而代之的，是一個內有雙間線的空間，孩子可隨意地於有限的空間內，拿

起筆，在肌肉記憶的帶領下，完成手寫練習。

隨著年紀的增長與相關的體能發展狀況逐漸成熟，從英文大楷、英文小楷，到英文草書，由 copybook、有雙線的寫字練習簿，到有單行間線的筆記本，甚至乎完全無間線的白紙，各人有著各人的寫字特色。只是今時今日，將自己所寫下的字，對比一下當年 copybook 上的字母模樣，便會發現變化很大。筆跡心理分析的基準，就是從你現在所寫的字，與你最初學寫字的 copybook 作為對比，而所出現的差異，就是你過往經歷對你的影響，那是你的成長。筆跡心理分析，就是通過書寫線條的不一樣，告知你成長所帶給你的人生需要知道的訊息。這亦說明了，你這個人，是如何的獨一無二。

正因如此，那個 copybook 的基準便非常關鍵，因為基準不同，分析所得出來的結果，往往是基本錯誤（fundamental error）。所以了解書寫者最初學

習寫字的地方，非常重要。

從參與者所提供的資料所顯示，除了 50 位未有提交這個資訊外，其他參與者均填有清晰的資料，當中約八成是以英式的 copybook，即香港所採用的英文字形為主。

除了初學寫字的地區資訊外，書寫人使用左手執筆或右手執筆也是一個重要資訊。這個關於左右手的問題，一直以來都是不少對筆跡心理分析有興趣的

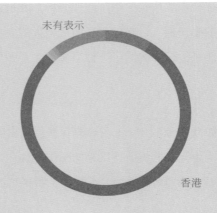

未有表示

香港

參與者初學寫字的地區

朋友必問的問題。

關於左手與右手這個話題，本書作者之一林婉雯曾在《你有多久沒寫字？原來筆跡能反映你的個性！》一書內，談過有關「慣用手」的問題。2020 年，希臘雅典國立卡波季斯特里安大學教育學院、英國聖安德魯斯大學、牛津大學實驗心理學系、布里斯托大學流行病學部及心理學系與德國波鴻魯爾大學認知神經研究所聯合公告了一個關於慣用手的統合分析研究，[1] 就有關慣用手這個問題，研究員通過過往約 200 個關於左右手問題的研究，重新統整與梳理，以不同的方向角度，重新了解慣用手的原由與對各方面的影響，當中部分的資料是值得了解的。

在《你有多久沒寫字？原來筆跡能反映你的個性！》一書內，林婉雯曾談及古代歐洲人的習俗，認為左撇子是邪惡與不吉利，所以婚戒要戴於左手，以保護神聖的婚姻及壓制一切外來的誘惑。同

1　Papadatou-Pastou, M., Ntolka, E., Schmitz, J., Martin, M., Munafò, M. R., Ocklenburg, S., & Paracchini, S. (2020). Human handedness: A meta-analysis. *Psychological Bulletin*, 146(6), 481.

樣地，父母亦認為左撇子是身體的缺陷，所以為了讓孩子能夠健康地成長，便訓練左撇子，讓他們在往後的日子也必要使用右手。這雖是古代的想法與文化習俗，但在學術研究的層面上，由 1980 年代至 2000 年間，不少左撇子的研究同樣指出，由左手轉右手之原因，或多或少是因為群眾的壓力！在不少國家，慣用右手的人居多，尤以亞洲為重，飲食用手與執筆書寫等動作多為右手，例如：印度和伊斯蘭文化的用餐禮儀是必須使用右手進食，使用左手則為不潔。這讓不少人認為選用右手是一個常態，才將慣用手訓練為右手。

除此以外，也有其他的說法，在 2019 年美國華盛頓大學流行病學系的一個關於母乳餵哺的研究指出，[2] 在嬰孩出生的最初九個月餵哺母乳，是可以減低左手成為慣用手的機會。另外，2008 年英國牛津大學實驗心理學系與英國華威大學心理學系的一個聯合研究指出，[3] 慣用左手或右手，涉及一個人出生的月份，尤其是在春季出生的男嬰，慣用手

2   Hujoel, P. P. (2019). Breastfeeding and handedness: A systematic review and meta analysis of individual participant data. *Laterality: Asymmetries of Body, Brain and Cognition*, 24(5), 582-599.

為左手的機會亦大增。不過南半球與北半球地域的出生季節，或有差異。究竟孰是孰非？不同年代，不同研究，各有差異。

不過，整體而言，世界上約有 90% 的人是右撇子，左撇子只得 10%。只是世事並無絕對，也並不是非左則右的定律，介乎左撇子與右撇子之間，其實又有約 9% 的人，屬於模稜兩可的一族，既不是左也不是右，但可以隨時左隨時右。這類人並不是通過訓練而成就這種技能，而是生來就是這樣，本書作者之一就曾經遇過一個這樣寫字的人。

說回左手與右手寫字的人，我們收集回來的數據之中，右手執筆寫字的人，約佔 96%，比剛才談到 90% 的世界比例略多，但也吻合在亞洲社會慣用手為右手的說法。那麼使用左手執筆或右手執筆，對整個筆跡心理分析的結果，又有何影響？大體上，分別並不大，或偶有機會在起筆或收筆的時候，在線條上出現微小的筆觸特徵而已。原因其實

3. Jones, G. V., & Martin, M. (2008). Seasonal anisotropy in handedness. *Cortex*, 44(1), 8-12.

很簡單，當大家有機會遇上左手執筆寫字的人，請留意一下他如何擺放紙張與其身體的姿勢，再看看他所寫下的字，自會一清二楚。

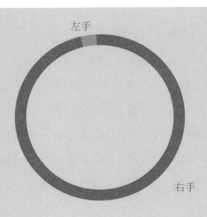

參與者左手執筆或右手執筆比例分布

你找對了工作嗎？騎牛搵馬原來是錯配

人生來除了最初大概 20 多年在校學習以外，其餘的日子，就是工作。說實在的，學習也是為了將來能好好工作而作出準備。由此看來，人生就是被賦予了工作的使命，每天活著，就是為了返工與放工。不過工作也是為了生活，為了安穩舒適地生活，才拼命工作，於是這又回到了「先有雞還是先有蛋」的問題，每天營營役役，為的是生活？或是工作？

在不同的在職人士的心中，往往因為身處不同的人生階段、面對不同的工作與環境，面對不同的人際關係，有著不同的答案，只是我們聽得更多的，是「騎牛搵馬」的回應。不過牛與馬這兩種動物，物種有異，行動的速度又有著距離，騎著牛往前走，能追得上馬嗎？這是一個疑問，再說，在草原

上的牛，步履安詳，舉頭看天，低頭吃草，悠然自得，再看駿馬閒時溫馴安逸，但實質極具自我保護能力，也好競爭，到過馬場的人，大概也能留意到哪匹馬特別有鬥心。同理，替騎牛的人把他的牛轉換成馬，他又有足夠的能力駕馭那匹馬嗎？就算起初能駕馭，蜜月期過後，馬與牛的身份又可能會再次互換，再一次告訴人家過著騎牛搵馬的日子。所以那些抱著「騎牛搵馬」心態對待佔據人生大部分時間的工作的人，明顯地未有清楚了解自己的能力與需要，只會無止境地跌入牛與馬互換的漩渦，走不得，困局是也。

我們必須清楚了解自己的能力與想法，這才是找「對的工作」的重點。不過要認清自己的能力，並不是一件容易的事情，性格能力測試是其一，而筆跡心理分析是本書的重點。在西方歷年所累積的筆跡心理分析數據之中，不同的職業，有著不同的筆跡特徵，我們考慮到在不同的文化之下，筆跡或有差異，於是收集華人的手寫字，從中找出從事不同

工種的人的筆跡究竟有哪些特徵，以方便大家為往後的職涯生活好好作出規劃，同時避免進入牛與馬的錯配。

在我們所收集得到的數據中，除了「學生」、「其他」兩項本書暫不作分析外，涉及的行業範疇共18個類別（見後頁圖），在主要職能上，也共分18類別。參與並提供手稿的參加者，需要分別在資料問卷上，填上在職機構的行業與主要工作職能。所收集到的484份職能數據，分布頗為分散，例如主職採購只得五份，所以在此階段，只能以數量較多的職能作初步的筆跡研究，期望找出共通的筆跡特質，暫且讓大家作為參考之用。亦希望在研究的較後階段，能收集更多的筆跡，再作筆跡與職能關係的報告。

在現時的筆跡數據之中，人力資源、會計審計及財務、教育，以及銷售與市場推廣這四類職能比較多，將於往後章節，逐一解說。

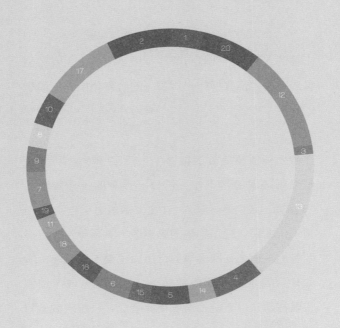

1 酒店、餐飲、旅遊	**11** 農業和自然資源
2 護理、個人服務和心理健康	**12** 教育和培訓
3 能源與材料	**13** 金融服務
4 政府和公共部門	**14** 健康與保健
5 資訊科技和數位通信	**15** 基礎設施、公共建設
6 製造業	**16** 娛樂、社交媒體
7 非政府組織、非牟利機構	**17** 專業服務
8 房地產	**18** 零售
9 物流和運輸	**19** 設計
10 學生	**20** 其他

行業範疇分布圖

會計、審計及財務

早於 2004 年美國維吉尼亞州奧爾德多米寧大學（Old Dominion University）與佛羅里達大西洋大學（Florida Atlantic University）將當時在美國有關會計、審計及財務等專業學會，[1] 對從業員應有的特質作出總結，認為加入這個行業的員工，除了要對會計與商業有一定的知識外，亦需要具有溝通與社交的能力、解決問題的思維與處理資訊科技的能力。約於同一時間，澳洲臥隆崗大學（University of Wollongong）會計、經濟與金融學院收集了當地 35 家會計師事務所的意見，[2] 整合並刊發了一份報告，指出從僱主的角度，從事會計／審計從業員應有的主要特質為：具有計算與研究的能力、可以作書面報告並善於溝通，以及具備處理電腦的能力。同在亞太地區的泰國，2023 年一份由拉加曼加拉蘭納德理工大學

---

1 Palmer, K. N., Ziegenfuss, D. E., & Pinsker, R. E. (2004). International knowledge, skills, and abilities of auditors/accountants: Evidence from recent competency studies. *Managerial Auditing Journal*, 19(7), 889-896.

(Rajamangala University of Technology Lanna) 的一份關於 441 位財務董事的能力與公司業績增長、管理效績及財務報表質量的關係研究報告,[3] 亦顯示有相類似的個人特質,包括:具備對資訊系統與商界的知識、溝通能力強、工作的仔細度與準確性高、具創意的思考與專業道德。

至於香港,香港會計師公會的網頁上,[4] 指出除了行內所需的基本技術能力外,必須具有七大特質,包括與職業操守有關的價值觀與態度、判斷能力及對公眾利益的承諾;在專業技能特質上,須具備才智、人際關係與溝通、組織能力及個人方面的特質,如計劃、分析與解決問題的能力、終身學習與開放的視野。

由以上所見,作為一位從事會計、審計及財務類別工作的人,除基本技術以外,溝通與社交能力、解決問題能力、時間管理能力與才智是必須具備的特質。究其原因,這一行是一個講求團隊合作的行

2   Sithole, S. (2015). Quality in accounting graduates: employer expectations of the graduate skills in the Bachelor of Accounting degree. *European Scientific Journal*, 11(22), 165-180.

業，較大型的企業，負責會計工作的人員通常較多，團隊內需要分工合作，完成財務報表，而這個部門，並不能閉門造車，總要與不同部門的同事聯絡溝通，務求能夠取得足夠的資料，完成財務相關的報表。此外，財務部亦會涉及管理公司內部的監控工作，所以要與其他部門的同事溝通；對外的還要與客戶、供應商、核數師等人聯繫。另一方面，這一行對時間管理的要求亦特別高，這也是責任心的表現。如身邊有朋友從事這個行業的話，大抵也會明白，會計、審計及財務類別的朋友，往往有大量的死線，所以要約他們見面的話，總要避開這些死線，才能有機會相聚一番。不過在有限時間內要完成工作，自然會有壓力，特別是從事審計工作的，抗壓能力必須要很高。

以個人而言，如要做出專業的判斷，才智與分析能力是解決問題所必要的條件。此外，外圍環境不斷地改變，喜歡學習，持續增值，對事情持開放的態度，才能擴闊視野。要知道這一個行業最獨特的地

3　Ditkaew, K. (2023). The effect among innovative accountant competency, business management efficiency, financial reporting quality, and firm growth. *International Journal of Business Innovation and Research*, 30(4), 580-607.

方，是可以了解到不同部門與不同行業的運作，也要與不同階層的人士聯絡，從中可領會和學習的非常多。再者，從事會計、審計及財務工作的人，因為在職能上對不同部門與不同行業有較深入的了解，因此商業眼光和知識層面都較為廣闊，為職涯發展奠定堅實的基礎，往後的發展，並不限制於現有的專業上，轉個職涯跑道，並不是一件難事，乃在於事在人為，只要能重回基本步，使出「肯搏肯捱」的特質，自有成功之日。

了解過這個專業後，那麼在筆跡上，又如何看出書寫者是否有從事會計、審計及財務類別的性格特質呢？由於這是一個面對數字的行業，為人細心、有能力處理數字、對數字的敏感度較強、不怕處理數字是必須的。剛才也談到死線的問題，應具備較強的計劃組織能力，腦筋也要轉得快，才能解決問題。反映在筆跡上，有些英文字母的形態如數字，英文字母「t」字橫畫比較高；字母上區域那部分通常是以直線居多；較多人的字傾向是上區域與下區

4   www.hkicpa.org.hk/-/media/HKICPA-Website/New-HKICPA/
     Become-a-Hong-Kong-CPA/Qualification-Programme/Practical-
     Experience-Framework/Support-Manual-of-the-revised-PE-
     Framework.pdf?la=en&hash=2BF43743DEBFF6D9BDB3B108FB3
     D11FD, accessed date: 27 May 2024.

域較大，中區域較少。此外，字母與字母之間也比較容易發現一些較幼的連筆線條。整體來看，紙張的版面布局通常較整齊。以上這些是根據外國筆跡數據而分析出來的會計專業人士的筆跡。

至於從華人社會收集到的從事會計、審計及財務專業的人的筆跡，我們總共收到了 35 份。從這 35 份手稿中所得出的筆跡線條結果，與剛才談到的非常相近。始終這是一個國際性的專業，縱然各地文化不同，但對數字的感覺，是無分國界的。

關於他們在手寫字上的表現，詳見以下各個例子：

Our London business is good, but Vienna and Berlin are quiet. Mr. D. Lloyd has gone to Switzerland and I am hoping for good news. He will be there for a week at 1396 Zermatt street. He then goes to Turin and Rome and will join Colonel Perry and arrive at Athens, Greece on Nov. 27th or Dec. 2nd. Letters there should be addressed: King James Blvd. 3580. We expect Chas. E. on Tuesday. Dr. L. McQuaid and Robt. Unger, Esq. left on the "Y.X. Express" tonight & paid $12.24 for tickets.

then goes to Turin and Rome and will join Colonel Perry and arrive at Athens, Greece on Nov. 27th or Dec. 2nd. Letters there should be addressed: King James Blvd. 3580. We expect Chas. B. Fuller on Tuesday. Dr. L. McQuaid and Robt. Unger, Esp. left on the "Y.X. Express" tonight &

Our business is good, but Vienna a
are quiet. Mr. D. Lloyd has gone
and I am hoping for good news. He
for a week at 1396 Zermott street

Our London business is good, but Vienna and Berlin
are quiet. Mr. D. Lloyd has gone to Switzerland and
I am hoping for good news. He will be there for a
week at 1396 Zermott Street. He then goes to Turin
and Rome and will join Colonel Perry and arrive
at Athens, Greece on Nov. 27th or Dec. 2nd. Letters
there should be addressed: King James Blvd. 3580.
We expect Chas. E. Fuller on Tuesday. Dr. L. McQuaid
and Robt. Unger, Esq. left on the "Y. X. Express"
tonight & paid $12.24 for tickets.

字母如數字，反映書寫人處理與數字相關工作的能力
較強。

字母之間有較幼的連筆線條與「t」字橫的一劃較高，
反映出書寫人腦筋靈活，考慮較周全，與肯搏肯捱。

Our London business is good, but Vienna and Berlin are quiet. Mr. D. Lloyd has gone to Switzerland and I am hoping for good news. He will be there for a week at 1396 Zermott Street. He then goes to Turin and Rome and will join Colonel Perry and arrive at Athens, Greece on Nov. 27th or Dec. 2nd. Letters there should be addressed = King James Blvd. 3580. We expect Chas. E. Fuller on Tuesday. Dr. L. McQuaid and Robt. Unger, Esq. left on the "Y. X. Express" tonight & paid $12.24 for tickets.

人力資源

一家企業的最重要資產，就是員工，不同功能的部門，需要有不同能力與技能的人共同合作，再在企業領導的帶領下，方能踏上成功之路。企業既能由人所成就，同樣也能敗於人，重點在於如何管理員工。企業就是以人為本，人力資源管理在企業內所扮演的角色，尤為重要，要達成企業的目標，重點在於人手的規劃與任免。合則來不合則去，人選要配合公司文化與能力需求，也要團隊互相配合。不過這也只是基本動作，企業如要能永續發展，除了人手規劃以外，更重要的是員工能發揮所長，並與企業一同成長。也可以這樣理解，不但要讓員工盡其所能，還要讓他們的能力得到提升，為企業未來承擔更大的責任，這才叫成長，是一件需要長期努力的事情。當然，這也得看企業人力資源管理的策

略如何體現。正因如此，有著人力資源職能的人，尤其在管理層的，並非等閒之輩。

人力資源是一個以人為本的行業，經常處理各項人事，如招聘、代部門出面向員工講解相關的工作問題等等。在面對不同職級與影響力的員工時，需要知道該用哪種語氣、語言等等，因為這影響到人際關係與能否建立並維持專業的形象，所以擁有良好的溝通與社交技巧，十分重要。

此外，作為僱主與僱員之間聯繫橋樑的人力資源人員，也應有著積極與主動的態度，主動出擊了解人力資源等各項新興趨勢，為人才持續發展作適時調整，以配合公司發展。至於對內，則應注意與員工的各項需要，以及發現潛在風險，能夠早於人事問題發生前作出調整。

香港人力資源管理學會在其網頁上，指出人力資源專業的標準分別為：知識、經驗與能力。除有關專

業知識外，在個人能力上，專業的人力資源人員應以人為本，明白與業務伙伴溝通和建立關係的重要性。此外，道德操守亦不能忽視。

除了溝通與社交能力外，人力資源工作當中也涉及了不少行政相關的職務，所以亦要心思細密，有處理行政職務的能力。

那麼具有人力資源能力的人，他們的筆跡究竟是怎樣？上文談到人力資源從業員的特質是以人為本、具溝通技巧、社交能力強、細心且有耐性處理行政事務，根據西方的筆跡心理分析理論，具有這些能力的人所寫的字，通常以曲線為主，字形傾向較圓，斜度多向右靠。至於特別善於處理行政細節的，中區域部分傾向較大，一般而言，寫起字來喜歡清清楚楚的。具有人力資源管理能力的，除一般具有領導能力的筆畫以外，英文字母「f」的上下兩個區域，傾向比較平均，表示他們高瞻遠矚，積極主動地統籌各項人事相關的事項。

從我們收集而來的華人手稿中，有 61 份的職能是屬於人力資源的，當中只有兩份手寫字全以直線與尖角形態的字為主，其他都是字型傾向較圓的字。至於寫字的斜度，約 25% 是靠右斜，約 36% 的較為正中。此外，所有收到屬於人力資源界別的字，全都是寫得清清楚楚且整齊的，看來這是人力資源管理人員的一個重點特色。

關於他們在手寫字上的表現，詳見以下各個例子：

字母的中區域較大，字母「f」的上區域與下區域看起來較平均，反映出書寫人以人為本，具統籌能力。

This give me a lesson that, Fi

have a strong & stable team

the daily operation is working

I also think that, ~~to~~ retain staf

Currently I made a decision

Since I got a sense that I

much career path here.

here, I would rather force n

get it done. find something

我們在國內饋英國倫敦的生意
蓬勃發展．但維也納和柏林就變
得安靜了。公司主席陳先生與財務
總監李先生在中秋期間，將前往
瑞士停留一週．出席行業的高峰
論壇．我都望他們能帶給公司好
消息。

With who I am and happy with wh
for being, and sometimes I just for
overwhelm myself so much with -
and getting better, that I just
slow it down and enjoy life an

Our London business
is good. but Berlin
are quiet. Mr. A. Lloyd
has gone to Switzerland
and I am hoping for
good news. He will
be there for a week

具領導能力的人力資源人員，英文字母「t」字橫畫剛好停在垂直一筆的頂部。

銷售、業務發展及市場推廣

只要走到書店，尋找與銷售、業務及市場推廣有關的資料，總會有意無意地看到一些書籍標示著「銷售的藝術」或是「銷售的科學」，甚至乎「銷售心理學」。這不禁讓人心生疑惑，這一行究竟是藝術？是科學？或是心理學？看其所涉獵的範圍，要從事這個行業的話，似乎非要三頭六臂萬般武藝不可。話雖如此，在職的朋友，或許偶有聽過他們面對客人時是萬事皆能，但轉個頭卻又萬萬不能，究竟這是一個怎樣的行業？英國專業銷售協會（Institute of Sales Professionals）認為，銷售並不是一門藝術，從事銷售與業務發展的人，為的是從專業角度與知識，協助客戶獲得所需要的物品或服務。至於市場推廣，根據美國市場行銷協會（The American Marketing Association）的定

義，市場推廣就是通過個人或集體創造價值，傳遞給客戶，從而鞏固與消費者的關係。所以無論是銷售、業務發展或市場推廣，共通的地方就是如何與顧客建立關係。不過當中的方式，或稍有異同。

那麼要從事這個行業的人，要有哪些性格特質呢？英國專業銷售協會與英國特許市場行銷學會（The Chartered Institute of Marketing）同樣指出善於與客戶溝通是從業員最重要的特質。此外，還需要有企業家的觸覺與創新且具創意的精神、擅長團隊合作，並以客戶為重，向同一目標進發。在德國，有 280 多年歷史的一所國立研究型大學愛爾朗根紐倫堡大學（University of Erlangen-Nuremberg）研究一批能夠達到銷售績效的銷售從業員，[1] 看看他們應具備的特質。從 326 名德國銷售人員之中，得到了 32 種共同的性格特質，而最重要的有：主動與客戶溝通、以目標為導向及以服務客戶為重任。由此可見，縱然不少人認為銷售是與產品相關，但實際上產品是其次，重點在於客戶的身上，與客戶溝通，了解他

1　Luetke, V. What Enables Effective Performance in Marketing and Sales? Fundamental Thoughts about the Concept of Competency and Results of a Correspondence Analysis

們真正的需要，才能提供相關的產品與服務。所以以銷售、業務發展及市場推廣為職能的從業員，其溝通的能力甚為重要，而溝通並不是單向的有話直說，更重要的是聆聽，雙向才是溝通之本。站於企業立場，銷售達標也是重中之重，因此以目標為導向也是相當重要的。以上三項主要特質，為銷售從業員不可或缺的。

在筆跡心理分析的理論上，具備良好溝通能力和以服務客戶為重任兩種特質的人所寫的字，斜度傾向靠右或是頗正中（但有稍微靠左與右的傾向）；英文字母「i」字那點，多呈曲線狀；字較為寬闊，字母「g」如數字 8。這些都是有能力處理人際關係的人的特徵。至於目標導向的特質，則反映於橫的筆畫多向右伸延、字母「t」橫劃筆畫較重且向右傾、每行底線往上走。

從我們所收集到的數據之中，有 26 份手稿的主要職能是屬於銷售、業務發展及市場推廣的，當中有

53% 的人所寫的字斜度向右靠，另外有 30% 的斜度為正中，而字較寬闊的有 57%，至於每行底線往上走的亦有 53%。我們所收集到的手稿數量不算多，期待日後有更多人支持。

關於他們在手寫字上的表現，詳見以下各個例子：

Our London business is good, but Vienna and Berlin are quiet. Mr. D. Lloyd has gone to Switzerland and I am hoping for good news. He will be there for a week at 1396 Zermott Street. He then goes to Turin and Rome and will join Colonel Perry and arrive at Athens, Greece on Nov. 27th or Dec. 2nd. Letters there should be addressed King James Blvd. 3180. We expect Chas. E. Fuller on Tuesday. Dr. L. McQuaid and Robt. Unger, Esq. left on the "Y. X. Express" tonight & paid $12.2x for tickets.

每行底線往上走；字較寬闊；字母「g」如數字 8；字母「t」字橫劃較高且向右傾，反映書寫人善於處理人際關係。

Our London business is good,
but Vienna and Berlin are quiet.
Mr. D. Lloyd has gone to
Switzerland and I am hoping
for good news. He will be there
for a week at 1396 Zermott
Street. He then goes to Turin and
... ... Colonel

are quiet. Mr. D. Lloyd has gone Switzerland
and I am hoping for good news. He will be there
for a week at 1396 Zermott Street. He then goes
Turin and Rome and will join Colonel Pen
and arrive at Athens, Greece on Nov. 27th or
Dec. 2nd. Letters there should be addressed
King James Blvd. 3580. We expect C.

Our London business is good, but Vienna and Berlin
are quiet. Mr. D. Lloyd has gone to Switzerland and
I am hoping for good news. He will be there for a week
at 1396 Zermott Street. He then goes to Turin and
Rome and will join Colonel Perry and arrive at
Athens Greece on Nov. 27th or Dec. 2nd. Letters

─────

ermott street. He then goes to Turin and Rome
and will join colonel Perry and arrive at
Athens, Greece on Nov. 27th or Dec. 2nd.
Letters there should be addressed - Kay James
Med. 3580. We expect chas. E. Fuller on
Tuesday. Dr. L. Mc. Quard and Robt. Unger
of left on the " Y. X. Express" tonight and

教育

談到教育工作者應有的特質，只要在網上隨意搜尋一下，便有大量的資訊，包括：教育工作者應有愛心，也要有同理心；耐性絕不能缺。教育工作者面對來自不同背景、環境的學生，也要想盡辦法、發揮創意，以鼓勵和引導學生學習。他們亦需要以身作則，「以生命影響生命」。

誠然，教育是人生重要的一環。教育可以來自家庭，也可以來自學校。不過，現今社會，大部分父母為了讓子女有更好的生活條件，不得不外出工作，工時也頗長。因此，教育學生的重任就要交給子女就讀的學校。教師，這個角色變得越來越重要。

2022 年，香港教育局於頒布的《教師專業操守指引》

中談到教師應有的專業操守有八項：專業信念、恪守法治、以身作則、廉潔公正、盡忠職守、關愛學生、尊重私隱及維護專業。這些準則概括了社會對教育工作者的期望，以及指出教育工作者應有的特質。[1] 其中，「關愛學生」一項，當局有詳細的說明：

愛護和關心每位學生，因材施教；尊重學生的不同個性、能力和背景，平等及以正面態度對待所有學生。因應學生的多樣性和特殊教育需要，創設和諧融洽及互相支持的學習環境，幫助學生發展個人潛能，引導學生建立正面積極的價值觀。[2]

教師在關愛學生的工作裡，需要因應學生的多樣性，培養和發展學生的個人潛能，以提高學生在知識型社會中的競爭力。這也是必然的工作和目標。誠然，學校裡的老師憑著愛心和耐性引導學生在不同的階段學習，打好基礎，培養高瞻遠矚的精神，追求知識的增長；同時培養學生創新與創造的能力，發現自己，發展自己，相信都是每位教育工作

1. 香港教育局：《教師專業操守指引》，（香港：香港教育局，2022 年），頁 3。
2. 香港教育局：《教師專業操守指引》，（香港：香港教育局，2022 年），頁 10。

者的心願。

從筆跡的概念上，教育工作者所寫的字，是要清清楚楚，行距與字距也要穩定，勾勒字形的直線、曲線布局需要維持穩定與一致，總體上達至清晰和諧的感覺。這種布局往往也能表達了筆跡者自身的性格特質，也就是筆跡學常談到的「我手寫我心」。

過往，分析筆跡的特點主要參考西方的數據。那麼，華人的筆跡，會是怎樣？應該是怎樣的呢？

我們收到的教育工作者的手稿共 29 份。觀察所得，約 72% 教育工作者所寫的手稿，字母與字母之間的連貫性並不高；字的間距與行距頗為清楚與穩定。

這些筆跡形態或多或少都反映出教育工作者具備的特質：善於聆聽、適應力強。

誠然，教育事業並非單向性地傳播知識。教與學的

過程是需要很多的互動與回饋，以達至良好的「反饋作前饋作用」（feedback as feed forward）。教師需要不時觀察和聆聽學生的需要，適時調整教學策略與技巧，為學生提供專業的教導。

以《禮記 · 學記》作結：「是故學然後知不足，教然後知困。知不足，然後能自反也，知困，然後能自強也，故曰『教學相長』也。」教與學互相增長，提升整體的質量，這也是發揮教育職能的重要特質。

以下是一些與教育行業有關的筆跡手稿，可以看到它們的共通之處。不過，我們認為還需要搜集更多手稿，讓研究更具代表性；盼望往後的日子能夠收集到更多的數據，可以更系統及全面地分析不同職業的筆跡特點，與大家分享。

關於他們在手寫字上的表現，詳見以下各個例子：

On London business is good, but Vienna and Berlin are quiet. Mr. D. Lloyd has gone to Switzerland and I am hoping for good news. He will be there for a week at 1396 Zermott Street. He then goes to Turin and Rome and will join Colonel Perry and arrive at Athens, Greece on Nov. 27th or Dec. 2. Letters there should be adressed: King James Blvd. 3580. We expect Chas. E. Fuller on Tuesday. Dr. L. McQuaid and Robt. Unger, Esq, left on the "Y. X. Express" tonight & paid $12.24 for tickets

Our London business is good, but Vienna and Berlin are quiet. Mr. D. Lloyd has gone to Switzerland and I am hoping for good news. He will be there for a week at at 1396 Zermott street. He then goes to Turin and Rome and will join Colonel Perry and arrive at Athens, Greece on Nov. 27th or Dec. 2nd. Letters there should be addressed: King James Blvd 3580. We expect Chas. E. Fuller on Tuesday. Dr. L. McQuaid and Robt. Unger, Esq. left on the "Y. X. Express" tonight & paid $12.24 for tickets.

如 copybook 形態的字，字速緩慢但清晰，反映書寫人有耐性。

字體細小，字形較圓，字母之間並無連貫，反映書寫人有耐性，也有愛心。

Our London business is good, but Vienna and Berlin are quiet. Mr. D. Lloyd has gone to Switzerland and I am hoping for good news. He will be there for a week at 1396 Zermott Street. He then goes to Turin and Rome and will join Colonel Perry and arrive at Athens, Greece on Nov. 27th or Dec 2nd. Letters there should be addressed = King James Blvd. 3580. We expect Chas. E. Fuller on Tuesday. Dr. L. McQuaid and Robt. Unger, Esq. left on the "Y. X. Express" tonight & paid $12.24 for tickets.

字速較快，字母之間連貫性不強，每行底線穩定，反映書寫人既有情商，適應力亦強。

從華人的手寫字，告知 你成為企業王者的秘密

以下五份手稿，分別來自已過世的英女王伊利沙伯二世（Queen Elizabeth II）、前文提過的瑞士心理學家、分析心理學的始創人卡爾‧榮格、第 32 任美國總統富蘭克林‧羅斯福（Franklin Roosevelt）、第 40 任美國總統朗奴‧列根（Ronald Reagan），以及第 42 任美國總統比爾‧克林頓。這五份手稿，書寫年份、書寫人國籍與手寫字的形態都各有不同，但也有共通的地方：其一，各為世上具有影響力的人；其二，當然是與筆跡線條相關的，還請大家再細心留意一下，在英女王伊利沙伯二世的簽名上，字母較少，可給你重要的提示！

這五位是世上舉足輕重的大人物，他們的手寫字有一個共通之處，請留意他們所寫下的英文字母「t」。

Elizabeth the Second,

by the Grace of God of the United Kingdom of Great Britain and Northern Ireland and of Our other Realms and Territories Queen, Head of the Commonwealth, Defender of the Faith,

To Our Magistrates for the North Westminster Division of the Inner London Area

and all others whom it may concern, Greeting !

Whereas Jean Moyo at Wells Street Magistrates' Court on the seventeenth day of February 1977 was convicted of unlawfully causing a vehicle to wait in a restricted street during the prescribed hours contrary to Article 5 the City of Westminster (Waiting and Loading Restriction) Order 1976 (As Amended) and Section 6 (9) of the Road Traffic Regulation Act 1967 (As Amended) and was ordered to pay a fine of ten pounds;

Now know ye that We in consideration of some circumstances humbly represented unto Us, are Graciously pleased to extend Our Grace and Mercy unto the said   Jean Moyo

and to pardon and remit unto   her the fine imposed upon her as aforesaid;

Our Will

Remission

JEAN MOYO
CRI/76 444/37/51

伊利沙伯二世的簽名

C. G. Jung

...tation I think it would...

...would sen...

H.R. 8833

The Treasury recommends disapproval of this bill on the broad ground that the issue of commemoration coins should be limited to national occasions. I have however approved several similar bills passed by the 73rd Congress and am therefore approving this one for connection. It will be my policy next year however to work...

To Dr. John A. Howard - The Rockford Inst.
934 No. Main St, Rockford Ill. 61103

Dear John

Thanks for sending me your eloquent commentary. It was most fitting and appropriate. These have been difficult times back here. Meeting with the familys as we did was, as you can imagine, an emotional experience, indeed heart breaking. In phoning them before our meeting, every family said through their tears — the program must be continued.

Again thanks.

Sincerely Ron

(over)

列根的手稿

(圖片來源：https://commons.wikimedia.org/wiki/File:Handwritten_Draft_of_Letter_from_Ronald_Reagan_to_Dr._John_A._Howard,_Regarding_the_Space_Shuttle_Challenger_Accident_-_NARA_-_198444.tif)

December 27, 1988

President and Mrs. Ronald Reagan
The White House
Washington, DC 20001

Dear President and Mrs. Reagan:

Chief among Christmas joys are the many
expressions of good will and affection that come
to all of us. Thank you for remembering me and
my family with the beautiful card this season.

We hope you had a very merry Christmas, and we
wish you happiness throughout the new year.

Sincerely,

Bill Clinton

BC:1d

*I appreciate the kindness
and courtesy you both have
shown to me, as an errant
Democrat, these last few
years! —*

克林頓的手稿

(圖片來源:https://commons.wikimedia.org/wiki/File:12-27-1988_letter_from_Bill_Clinton_to_Ronald_Reagan_-_NARA_-_198418.tif)

英文小楷字母「t」由一橫畫與先直筆後往右延的一
劃互相交疊而組成，形成如十字的形態。不同人執
筆寫「t」，形態會不一樣，筆畫次序或有不同，總
之就是個人的風格與喜好。姑勿論形態如何，橫的
一筆，通常與垂直的一筆交叉重疊，不過交疊的位
置，並不盡同，如在標準的 copybook 裡的「t」，交
叉相疊的位置大概是在略高於中區域之處。「t」字
本身只有上區域與中區域，不過要特別分成兩個區

五人的「t」字

域，並不容易，較佳的方法是依靠旁邊的字母去區分，以「to」為例，當「o」字在旁，兩個字母互相對比之下，自能較容易看出「t」的上區域，就是比「o」字較高的那部分。

從這五位名人的「t」字來看，特別之處在於橫的一筆。那一筆全畫在垂直筆畫的頂部，在筆跡心理分析的理論中，能將這一筆剛好畫於垂直筆畫頂部不多又不少的人，就正如以上五位名人一樣，定非等閒之輩。為何如此？還請大家想想，在執筆寫字的時候，「t」字橫的一筆，通常是隨便畫上的，畫在哪個位置，並不在書寫人考慮之列，對書寫人來說，重點是完成書寫內容，所以這一筆，如何無意地畫上去，就是我們的腦袋要告訴我們的重要訊息，意義重大。

能將這一筆置在垂直一畫的頂部，表達著王者應有的本色。在香港一個談及筆跡心理分析的節目中，由於所展示的手稿屬於英女王伊利沙伯二世的，該

節目遂將這個「t」字，稱之為「女王 t」。那代表了眼光獨到且有遠見的意思，一般只在具有高度領導能力的人身上才會出現，正如本篇所提及到的五位大人物。大家或許會覺得擁有這些特質的人遙不可及，其實不然，這個「女王 t」通常出現於企業內的 CEO 或高級管理人員身上。能領導一家成功的企業，除了基本領導才能外，還要有遠見，才能帶領公司與員工不斷邁步向前。

從以上的手稿，我們看到了「女王 t」的重要性。那麼在華人身上，情況又是如何？

在收集到的 484 份手稿之中，有 64 份是來自首席級或相同職級，即行政總裁、財務總監、營運總監及技術總監等，以及高級管理人員與高層主管等，當中有十人所寫的「t」字，在同一篇文章之中橫的一畫不止一次剛好停留於垂直一筆的頂部，反映出這是手部的肌肉記憶，自然而然的習慣，同時亦暗示著個人的性格特質，亦即表示他們有遠見與思維創新。

不過在 64 人之中只得十位能夠寫出「女王 t」，又是否有足夠的代表性？在仔細覆核收集到的首席級與高管級人員的手稿時，發現了一個與西方筆跡分析系統相關聯的筆跡特徵，為了能進一步確認，我們特意將收集到的手稿重新量度字母「t」的比例：以「t」字橫的一畫與垂直一筆交叉相疊的地方為分界點，比較分界點以上的長度與垂直筆畫的總長度。結果，當中有 85% 的人所寫的「t」字，橫的一筆在垂直一筆約四分之三的高度位置交疊，不過若以交疊位置稍高，即垂直一畫的五分四的高度為標準，又有 65%，尤以首席級類別的人數為高。

在這個考慮之下，我們將同樣的量度方式用於文書與服務級的手稿之中。結果顯示，橫的一畫與垂直一筆的交疊位置，介乎於垂直一畫的三分之一與二分之一之間。

由此可見，字母「t」橫畫的高度與一個人的眼光有多寬遠甚有關聯。新聞要有女王，企業管理亦需要

有高瞻遠矚的王者。這個「女王ϯ」正好給予我們重要的暗示：橫劃寫得越高，目光越遠大。這是領導者必須具備的特質。期待從華人社會中收集到更多的手稿，再作更深入的核證。

後記一

給教育工作者的話：從電影《生命樹》談起

《生命樹》（*The Tree of Life*），生命、樹，一看就意會到是談人生哲學和信仰的電影。

電影甫開始，就引述了一段聖經，是《約伯記》的話，大約是：「我立大地根基時，你在哪裡？」入黑，畫面呈現一點火光，散發著光線，紅的血痕不斷攀爬，交織著藍色的溫柔——生命的象徵。

電影講述美國小鎮裡一家五口的故事。電影有一把聲音敘述，不斷觸動觀眾的心靈，大概說：「人的生命有兩種可能，一是本性（nature）；一是恩典（grace）。」本性，假定人性本惡，如自私、嫉妒、攻擊、對抗，人心只求自己的益處。恩典，時刻充滿愛、飽滿愛，對萬事萬物總有愛，不求自己的益

處；凡事感恩相信，向著至善的方向進發，總有美意。

老調，卻非常真實。

故事中的嚴父，對三名兒子管教甚嚴，從小就不斷培養兒子要堅忍，要有驚人的意志，認為這都是成功的必要條件。父親教導兒子揮拳打架，兒子笑著，輕輕地一手拍在父親的臉上。父親著兒子要用力地打他的臉龐，大兒子不敢，小兒子也不敢，父親仍是不斷逼他們出手，說總要懂得打架，不怕人家。這就是人所發揮的「本性」。

母親，則是「恩典」的象徵，慈悲為懷，對人事總有愛。大兒子曾問：「媽，你愛我們哪一個多些？」母親說：「三個都愛。」為人母親的標準答案。父親痛打兒子，母親拼死保護。兒子犯錯，母親從來沒有如父親般責備。兒子偷竊、闖禍，母親總是等兒子先開口說。

大兒子 Jack 是戲中的主角。有一回，Jack 闖了禍。一如以往，母親等待他先說話。Jack 說：「別看著我，我不能跟你說話。」另一畫面，大兒子跪在床邊，雙手合著，跟神說：「神啊，求祢教導我不要說謊。」

Jack 就是在這樣的環境下學習成長。除了父母的生活習慣，父母對價值觀的判斷，即電影裡的「本性」和「恩典」對孩子也有所影響。「本性」中有「恩典」；「恩典」中也有「本性」，孩子在不同的生活片段中學習、反思、成人。

東、西哲學及信仰，都談及到人向善、向惡的本能，有些傾向支持人心本善多些，有些傾向支持人心本惡多些。這個老生常談，多少年來，都是人生思考未能定論的一課。不過，無論如何，人生而有向生、向死的能力。在心理學的角度解釋，前者具有建設的意義；後者具有破壞的動力，兩者與生俱來，視乎人選擇如何發展。

儘管東、西雙方的文化不同，教育、教化也是導向人的本性和能力向至善發展。教育，簡單來說，就是個人從知識（knowledges）、技能（skills）、情意（或稱態度，attitude）的發展中建立自己。教化，更傾向於建設社會的層面，讓每個人發揮自己的知識、技能和情意，建設大家心目中的理想社會。

成長，永遠都是人生的一課。本書的初衷，是想為不同性格和能力的朋友，提供多一種途徑，讓他們更加認識自己和人生道場上不同的隊友，知己知彼，互相補足，成為更美善的自己，以至在整個社會，每人都可以恰如其分地發揮所長，繼續創造一切的可能性、價值和意義。這個過程需要自我認識的能力，最終發展至能夠領導自己、領導他人或者社會的能力。

人生，需要工作。工作，源於個人、家庭、職場、社會不同的崗位。每個人在發展自己的過程需要沿著底層而上，慢慢地建立，否則騰空而起，基礎不

固，容易變得乏力。筆跡分析，可以讓我們通過文字反思，自我了解和溝通；也可以讓我們了解身邊的朋友，通過一些佐證，理解他或她的心理需要，以至一直在糾結的地方。

人生就是在不同的階段和場景中成長，滿足人生一個個的需求和意義。援引亞伯拉罕 · 馬斯洛（Abraham Maslow）的需求層次理論（Hierarchy of Needs）解釋，由底層至上層，包括：生理需求、安全需求、愛與歸屬的需求、尊重需求和自我實現的需求。

當代社會，無論家長或教師，每天都以「身教」引導著孩童和青年成長的方向。這些方向多少可能會「投射」了家長、教師自己本身對社會的認知，通過自身的經驗、知識、想法，給孩童或青年對象在人生和成長的一些判斷。生命成長，應該要滿足生理層的需要，繼而安全層、愛與歸屬層、尊重層以至個人的自我實現。若用生活的語言來解釋，就是大家都會認為孩子成長，或未來扮演任何工作角色，

需要先糊口，夠生活，人身安全、健康先得到保障，人際關係包括親情、愛情、友情等才可以穩定地建立，人與人之間的尊重才可以更加穩固。這些條件滿足以後，人可以有堅實的基礎，更多的空間察覺自己的價值，繼續追求和實現自己一切的可能性。這種按部就班的成長，似乎都是人世間的普遍真理。

這些判斷當然是充滿愛和價值的。年輕的生命可以吸收前人的經驗，走上前人走過的成功捷徑，導向直接而鮮明，提供了大部分人的成長框架。然而，每個年輕生命都是獨立的個體，孩子在模仿學習對象的同時，也需要有若干屬於自己的空間，去建立自己喜歡的知識、技能，以至傾向的情意和態度；去認識自己，以至了解他人對善、惡的判斷。新的生命成長可以更加立體，擁有更多新鮮的創造力。

生命如何成長，最終，都是源自於自己的選擇，以及對自己所選擇的有多少認識。這就是廣東話所謂，做人最緊要「知埞」。

後記二

給家長的話

在不同的場景，常常聽到家長們相聚時的對話，不是說為子女報讀或參與甚麼興趣班、精讀班、補習班，因此星期六日要左撲右撲，香港九龍新界周圍走，有多忙碌；就是說天天與子女因為功課而搏鬥的情景，繪影繪聲，聽到、看到都感覺到「累」，身累心也很累。不禁問，何苦呢？苦了家長、苦了子女，有時甚至也苦了「四大長老」。

有時我會多口詢問家長，為甚麼要為子女報那麼多課程？他們大部分都會有類似的回答：「你有所不知，個個家長都報，你唔報就蝕底啦。」不禁追問：「你報的時候有無問過你個仔／女想唔想報，鍾唔鍾意㗎？」家長秒答：「佢地點識呀，我幫佢安排好晒，報咗就去上㗎啦。我細個我父母都無幫我報，宜家啲

細路不知幾幸福啦⋯⋯」我終於理解為甚麼當子女逐漸長大，有些家長又會埋怨子女無主見、不表達感受、不肯與父母親近或對話了。當父母成了「控制狂」，美其名是為了子女的將來著想，實質上是在主導著他們的生活，操控他們的人生。因此，不少年輕人關始尋求協助，希望在輔導當中，訴說自己的壓力和心聲。有年輕人曾說：「喺屋企一直都無人聽我意見，無人理過我感受，就算入大學揀讀咩科我都無得 say。父母話讀商科好，又有前途，但我根本唔鍾意讀，我宜家讀得好辛苦，好大壓力呀⋯⋯」

因材施教，相信大家都聽過，它通常也會與「天生我才必有用」同時出現。這成語或名言不只是限於教育工作者的教學原則，其實也可以是家長們對自己子女的培養法則。

家長們，你們知道嗎？只要透過與子女每天的相處及觀察，你們便會慢慢摸索到他們內心真正需要甚麼，成為他們的臨床身心靈學家。你的子女成長需要的不

是在興趣班學到甚麼技能，而是先從認識自己開始。你可以陪伴子女去接觸不同的事物，接觸不同的人，讓他們知道自己是獨一無二的，學會接納自己的性格，認識自己的喜好及興趣；聆聽子女的需要，尊重子女的意見，讓子女表達情緒，讓他們感受到家庭的支持與愛。漸漸地，當他們在探索世界中遇挫折也能勇敢面對，將來他們必定有能力選擇自己想走的路、想從事的職業。

童年很短暫，與其要花時間去苦惱學甚麼，倒不如彼此陪伴一齊去製造快樂的回憶吧！

或許，一同認識筆跡心理學，也可以帶給大家意想不到和快樂的一課。

筆跡心理分析之職涯規劃篇：
你找到合適的工作嗎？

作者　　　林婉雯、楊康婷、何潤儀、吳曼華

責任編輯　　羅文懿

書籍設計　　黃詠詩

出　　版　　P. PLUS LIMITED

香港北角英皇道 499 號北角工業大廈 20 樓

20/F., North Point Industrial Building, 499 King's Road,

North Point, Hong Kong

香港發行　　香港聯合書刊物流有限公司｜香港新界荃灣德士古道 220-248 號 16 樓

印　　刷　　美雅印刷製本有限公司｜香港九龍觀塘榮業街 6 號 4 樓 A 室

版　　次　　2024 年 7 月香港第一版第一次印刷

規　　格　　32 開（125mm × 190mm）272 面

國際書號　　ISBN　978-962-04-5485-1